Manfred Härtel
Günter Nordmeier

Leistungsüberprüfung Mathematik

Realschule Niedersachsen

MANZ VERLAG

Manfred Härtel ist Realschullehrer in Niedersachsen.
Günther Nordmeier, Realschullehrer in Niedersachsen, ist seit vielen Jahren in der Lehrerweiterbildung tätig.
Beide Autoren haben im Auftrag des Kultusministeriums die Musteraufgaben zur Durchführung der Leistungsüberprüfung erarbeitet.

Manz Verlag

Lektorat: Konrad Böheim, Ergolding
Umschlaggestaltung: Zembsch' Werkstatt, München
Satz: jürgen ullrich typosatz, Nördlingen
Druck: Druckhaus Beltz, Hemsbach
Printed in Germany

ISBN 3-7863-3140-5

Zur Arbeit mit diesem Buch

Diese Lernhilfe deckt den gesamten Schulstoff der 10. Klasse ab. Somit kannst du dich nicht nur auf die besondere Klassenarbeit zur Leistungsüberprüfung vorbereiten, sondern auch auf alle anderen Klassenarbeiten. Die Lernhilfe wird dir ein sicherer Helfer und Wegweiser sein.

Das Buch ist in 6 Themenkreise gegliedert. Darin treten mathematische Inhalte auf, die für die 10. Klasse der Realschule vorgesehen sind. In deiner Schule können die Themen allerdings in einer anderen Reihenfolge behandelt worden sein. In jedem Themenkreis bieten wir in den einzelnen Abschnitten jeweils
- einen Grundlagentest mit Angabe der Bearbeitungszeit
- und ausreichend viele Trainings- und Übungsaufgaben
- sowie abschließend Aufgaben zur Leistungsüberprüfung an.

Nach den Themenkreisen folgen vier Beispiele für Überprüfungsarbeiten. Sie entsprechen im Aufbau und in ihrem Anspruchsniveau dem Standard der Realschule. Damit kannst du am Ende deiner Vorbereitung eine Selbstkontrolle durchführen und feststellen, ob du den Anforderungen insgesamt gewachsen bist.

Im Anhang werden die Lösungen aller Aufgaben übersichtlich angeordnet dargestellt, dies gilt auch für die Beispiele der Überprüfungsarbeiten. Für die anspruchsvolleren Aufgaben findest du dort zusätzlich Lösungsansätze und Zwischenergebnisse.

Ein wichtiger Rat für die Arbeit mit diesem Buch:
Bearbeite zunächst das Kapitel A, den Themenkreis „Sachrechnen“. Dabei lernst du, mit dieser Lernhilfe umzugehen, und wirst sicherer in den Rechentechniken und mathematischen Verfahren, die oft auch in anderen Fächern eingesetzt und dort als bekannt vorausgesetzt werden.
Willst du dich auf die Überprüfungarbeit vorbereiten, dann bearbeite danach schwerpunktmäßig die zwei Themenkreise, die zuletzt im Matheunterricht behandelt wurden. Willst du dich gezielt auf eine Klassenarbeit vorbereiten, dann schlage das aktuelle Thema auf.

Und nun viel Erfolg nicht nur bei der Vorbereitung, sondern auch bei allen Klassenarbeiten und der Überprüfungsarbeit.

Inhalt

Leistungsüberprüfung Mathematik – darum geht es!

In den 10. Klassen der niedersächsischen Realschulen finden im 2. Schulhalbjahr fachbezogene Überprüfungen statt. Sicherlich weißt du, dass für Mathematik die schriftliche Prüfung Pflicht ist. Im Fach Mathematik bedeutet dies: Es wird (kurz vor oder nach den Osterferien) eine Überprüfungsarbeit geschrieben, die 45 Minuten länger als eine normale Massenarbeit dauert und im Wertungsteil „Schriftliche Leistungen" für die Zeugnisnote doppelt so viel zählt wie eine Klassenarbeit.

Für die zweite schriftliche Arbeit in der Leistungsüberprüfung kannst du zwischen Deutsch und einer Fremdsprache wählen. Der dritte Teil der Prüfung ist mündlich, hier kannst du ein Fach deiner Wahl angeben.

In der Überprüfungsarbeit werden zunächst grundlegende mathematische Kenntnisse und Fertigkeiten überprüft. Den Hauptteil bilden zwei bzw. drei komplexe Aufgaben, ausgewählt aus verschiedenen Themenkreisen, die in der 10. Klasse bis zum Zeitpunkt der Arbeit unterrichtet wurden. Bei der Lösung dieser Aufgaben musst du die grundlegenden Kenntnisse und Fertigkeiten in Sachzusammenhängen und ausgewählten Problemstellungen zielgerichtet anwenden.

Wie bereitest du dich nun am besten auf die Überprüfungsarbeit Mathematik vor?

Eine erste Vorbereitung besteht darin, dass du genau feststellst, was bisher im 10. Schuljahr an Unterrichtsstoff behandelt wurde. Sammle diese Themen und schreibe sie auf einen Zettel. Es schadet überhaupt nicht, sich auch einmal einige Gedanken darüber zu machen, was im letzten – oder auch vorletzten – Schuljahr alles an Mathematikstoff gelernt wurde! Wissenslücken aus früheren Schuljahren sind leider oft Ursachen für ein schlechteres Abschneiden in höheren Klassen.

Informiere dich nun beim Arbeiten mit dieser Lernhilfe im Wissenskasten darüber, was du können solltest. Führe dann die Grundlagentests durch. Stellst du dabei Lernlücken fest, dann bearbeite die entsprechenden Übungsaufgaben.

Wende dich dann den Aufgaben zur Leistungsüberprüfung zu. Dieses sind komplexe Aufgaben, in denen du Probleme lösen, Sachsituationen durchschauen, das Gelernte auf neue Situationen übertragen, richtige Lösungswege finden und deine Ergebnisse einordnen und bewerten musst.

Arbeite die Musteraufgaben in aller Ruhe und besonders gründlich durch. Denke nicht, dass es sich um ein Vor- oder Nachmachen handelt. Wir wollen dir an Beispielen zeigen, wie man sich in eine Aufgabe hineindenken kann, wie man den beschriebenen Zusammenhang untersucht und gliedert, wie man gezielt nach Lösungsansätzen und -wegen sucht. Von Aufgabe zu Aufgabe werden deine mathematischen Fähigkeiten wachsen und damit auch deine Möglichkeiten, dich im Unterricht aktiv zu beteiligen. Und dann macht alles viel mehr Spaß!

Viel Erfolg!

A Sachrechnen

INFO

Was du können musst:

1. Gesuchte Größen in Zuordnungen zwischen Größenbereichen berechnen. (**Schlussrechnung** in proportionalen und antiproportionalen Zuordnungen)
2. Aufgaben aus der **Prozentrechnung** lösen, insbesondere: Prozentwerte, Prozentsätze und Grundwerte berechnen (auch bei verminderten und vermehrten Grundwerten).
3. Aufgaben aus der **Zinsrechnung** lösen: Jahreszinsen, Monatszinsen, Tageszinsen, aber auch den Zinssatz oder das Kapital berechnen. Die Zinseszinsrechnung wird im Kapitel D wiederholt!
4. Einfache **Gleichungen** nach einer Variablen auflösen, **Formeln** umformen.

Grundlagentest

(30 Minuten)

Anleitung zu den Grundlagentests:

Ansätze hinschreiben. Gleichungen/ Formeln nach der gesuchten Größe auflösen. Für Rechnungen den Taschenrechner benutzen. Der Rechenweg muss aber erkennbar sein. In Sätzen antworten. Halte die Bearbeitungszeit ein. Kontrolliere dein Wissen und Können mithilfe der Lösungen im Anhang. Wenn dein Testergebnis nicht zufriedenstellend ist, dann bearbeite die zugehörigen Übungsaufgaben.

1 Zuordnungen

T 1

Förderzeit	Fördermenge
3 min	144 *l*
7 min	366 *l*
10 min	
	432 *l*

T 2

Briefgewicht	Briefporto
10 g	1,10 DM
30 g	2,20 DM
50 g	
	3,00 DM

T 3

Geschwindigkeit	Fahrzeit
100 km/h	6 h
120 km/h	5 h
150 km/h	
	8 h

a) Ist die Zuordnung proportional, antiproportional oder besitzt sie keine der genannten Eigenschaften?
b) In welcher Zuordnung sind die Größenpaare quotientengleich, in welcher Zuordnung sind die Größenpaare produktgleich?
c) Berechne die fehlenden Größen.

T 4 Anna und Markus haben für ihre Party 36 Flaschen O-Saft (vier Flaschen zu 2,36 €) und 18 Packungen Chips (drei Packungen zu 2,37 €) gekauft. Sie wollen sich die Kosten teilen. Wie viele € muss Anna bezahlen?

Übungsaufgaben

Jetzt wird trainiert

1. In einem Teeladen werden aus der neuen Ernte die Daarjeeling-Sorten First flush und Second flush angeboten. 100 g First flush kosten 3,80 €, 100 g Second flush kosten 3,60 €.
   a) Kunde 1 verlangt 125 g First flush, Kunde 2 kauft 250 g der gleichen Sorte. Berechne die Preise.

Menge	Preis
100 g	3,80 €
125 g	p_1
250 g	p_2

Haupteigenschaft:
Proportionale Zuordnung

Ansatz: $\frac{p_1}{3{,}80\,€} = \frac{125\,g}{100\,g}$

   b) Wie teuer sind 250 g Second flush?
   c) Herr Schlemmer kauft jeweils 500 g von beiden Sorten. Wie hoch ist der Gesamtpreis?

2. In einem Neubaugebiet werden Bauplätze mit Flächen von 500 m² bis 900 m² ausgewiesen und mit 75 €/m² angeboten.
   a) Wie teuer ist ein Grundstück mit einer Fläche von 632 m²?

Größe	Preis
1 m²	75 €
632 m²	p

Haupteigenschaft:
Proportionale Zuordnung.
Lösungsgedanke: Weil man den Preis für 1 m² kennt, kann man schließen: 632 m² kosten 632 mal so viel wie 1 m². …

   b) Frau Denker möchte höchstens 50 000 € für ein Grundstück ausgeben. Wie viele m² darf ihr Bauplatz höchstens umfassen?
   c) Zu den reinen Grundstückskosten kommen noch 32 €/m² Erschließungskosten hinzu. Wie hoch sind Grundstückspreis plus Erschließungskosten für ein 800 m² (900 m²) großes Grundstück?

Du kannst die fehlenden Größen bei proportionalen und antiproportionalen Zuordnungen selbstverständlich auch mit dem sogenannten **Dreisatzverfahren** bestimmen.
Entscheide dich für ein Verfahren!

3. Ein Feinkostgeschäft zeigt heute an:

Schlachtfest

Frische Schweinefiletkotelett	1 kg	€ 3,82
Frische Schweinestielkotelett	1 kg	€ 3,31
Frische Minutensteaks	1 kg	€ 5,10

Und dazu

Spargel Hkl. I je 500 g-Packung	€ 2,29
Wassermelonen Hkl. I je kg	€ 1,01

   a) Ein Restaurantbesitzer kauft ein: 2,5 kg Filetkotelett, 3,200 kg Stielkotelett, 1,800 kg Minutensteaks, 6 Packungen Spargel und 3,500 kg Wassermelonen. Berechne den Gesamtpreis.
   b) Reinhild kauft 650 g Filetkotelett, 750 g Minutensteaks und 2 kg Wassermelonen. Wie viele € muss sie insgesamt bezahlen?
   c) Christian kauft 0,875 kg Stielkotelett und 1,375 kg Minutensteaks und für 12,56 € Aufschnitt. Berechne den Gesamtpreis.

Jetzt wird trainiert

4. Irmhild schneidet rechteckige Pappstücke aus. Sie sollen jeweils eine Fläche von genau 144 cm² besitzen.
   a) Für jedes Pappstück gilt: Jeder Länge ist genau eine Breite zugeordnet. Welche Haupteigenschaft hat diese Zuordnung?
   b) Wie breit wird ein Pappstück, das 16 cm (12 cm; 8 cm) lang ist?
   c) Wie lang wird ein Pappstück, das 36 cm (12 cm; 6 cm) breit ist?

Manche Rechnungen lassen sich auch „im Kopf" durchführen. Versuche es!

5. Berechne den Preis für je 100 kg.

	a)	b)	c)	d)	e)
Menge	25 kg	10 kg	40 kg	90 kg	120 kg
Preis	6,50 €	12,25 €	21,60 €	121,50 €	133,00 €

6. Auf einem Pferdehof wurde ein Heuvorrat für 20 Pferde und 120 Futtertage angelegt. Berechne die fehlenden Größen.

		a)	b)	c)	d)
Anzahl der Pferde	20	30	50		16
Mögl. Futtertage	120			45	

7. In der Klubkasse befinden sich 9 600 €. Mit diesem Geld wollen die Kegelschwestern einen mehrtägigen Ausflug finanzieren. Wie teuer darf die Tour pro Mitglied werden?
   a) Es nehmen alle 20 Mitglieder des Klubs teil.
   b) 5 Kegelschwestern sind verhindert, stellen ihren Anteil jedoch den anderen zur Verfügung.

8. Hinrich will testen, wie viel Benzin sein Wagen pro 100 km verbraucht Er sammelt alle Tankbelege und stellt fest, dass für eine Fahrstrecke von 3260 km insgesamt 256 Liter verbraucht wurden.

9. In den USA gibt man Geschwindigkeiten von Autos gern in Miles/hour (M/h) an. 1 mile = 1609,33 m.
   a) Rechne um in km/h: 60 M/h; 80 M/h; 100 M/h.
   b) Gib in M/h an: 100 km/h; 130 km/h; 30 km/h.

2 Prozentrechnung

Grundlagentest

(50 Minuten)

T 1 a) Berechne 27% von 6540 kg. b) Berechne 0,85% von 22 350 €.

T 2 Ein Blumenfreund setzte 360 Krokuszwiebeln und 250 Tulpenzwiebeln. Es gingen auf: 342 Krokusse und 235 Tulpen. Welche Zwiebelsorte war ertragreicher?

T 3 Frau Wenig klagt: „Ich muss monatlich 972 € Miete zahlen, das sind 27% meines Monatseinkommens." Wie hoch ist dieses?

T 4 Die Einwohnerzahlen einer Gemeinde betrugen:
31. Dezember 1997: 36 300 Einwohner (E_1)
31. Dezember 1998: 39 930 Einwohner (E_2)
31. Dezember 1999: 43 524 Einwohner (E_3)
31. Dezember 2000: 47 006 Einwohner (E_4)
Berechne die jährlichen Zuwächse in Prozenten.

T 5 Ein Damenmantel kostete vor dem Schlussverkauf 320 €. Der Preis wurde dann um 30% herabgesetzt. Einige Tage später wurde der reduzierte Preis noch einmal um 20% gekürzt.
a) Wie viele € soll der Mantel zum Schluss noch kosten?
b) Adam behauptet: „Die haben den Preis also um 50% herabgesetzt." Stimmt das?

Übungsaufgaben

Rechne die Aufgaben 10 bis 15 im Kopf.

10. 3% von 400 €	10% von 200 €	25% von 800 €
11. 4% von 500 €	20% von 300 €	75% von 200 €
12. 5% von 600 €	50% von 500 €	125% von 400 €

Wie viel Prozent sind:

13. 24 € von 96 €	14. 6 € von 60 €	15. 10 € von 5 €
25 € von 100 €	3 € von 60 €	20 € von 2 €
30 € von 60 €	20 € von 60 €	30 € von 10 €

Jetzt wird trainiert

$p\% = \frac{p}{100}$

$G \cdot \frac{p}{100} = P$

16. Berechne:

a) 23% von 6,700 kg	b) 32% von 7,600 kg
c) 41% von 2,650 kg	d) 89% von 8,800 kg
e) 0,7% von 650 kg	f) 0,3% von 125 kg
g) 125% von 660 kg	h) 240% von 1250 kg

17. Ein Obstbauer im Alten Land erntet in diesem Jahr 5260 kg Äpfel. Davon werden 45% eingelagert, 30% werden sofort verkauft, 20% gehen an eine Mosterei. Der Rest ist Abfall und wird ans Vieh verfüttert. Berechne die Anteile in kg.

18. In einer deutschen Großstadt mit 280 000 Einwohnern sind 22% der gemeldeten Personen ev.-luth. Glaubens, 6% sind ev.-ref., 43% röm.-kath., 4% orthodox, 0,5% jüdischen Glaubens, 7% islamischen Glaubens und 3% gaben ein sonstiges Bekenntnis an. Der Rest machte keine Angaben zur Religionszugehörigkeit.
    a) Gib die einzelnen Anteile in Personen-Zahlen an.
    b) Zeichne ein Streifendiagramm (von 10 cm Länge).

19. Berechne die fehlenden Größen.

	a)	b)	c)	d)	e)
Grundwert	2460 t	5180 t	223,00 €	894,00 €	
Prozentsatz	22,3%	77,6%			4,5%
Prozentwert			501,75 €	201,15 €	449,55 €

20. Anfang 1991 kostete das Abonnement für eine bestimmte Tageszeitung 25,85 DM/Monat (einschl. Zustellgebühren). Anfang 2000 betrug der Bezugspreis 39,00 DM/Monat. Um wie viel Prozent ist der Preis für die Zeitung in den neun Jahren gestiegen?

Bruttogewicht	
Nettogewicht	Tara

21. Ein Einzelhändler bezieht 25 Kisten griechischen Spargel mit einem Bruttogewicht von insgesamt 300 kg. Eine Kiste wiegt im Durchschnitt 2,250 kg. Berechne die Tara in % und das Nettogewicht in kg.

Bruttogehalt	
Nettogehalt	Abzüge

22. Eine Angestellte verdient im Monat 3400,00 €. Sie bekommt aber nur 2210,00 € überwiesen. Wie viel Prozent werden für Steuern und Sozialversicherungen abgezogen?

Prozentuale Zunahme und Abnahme

$G_0 \cdot f = G_1$
und
$f = 1 + \frac{p}{100}$

23. Das Monatsgehalt von Herrn Nehmer betrug bisher 2680,00 €. Wie hoch ist es nach einer Gehaltserhöhung um 2,3%?

Gegeben: 2 680 € = G_0 (Grundwert am Anfang)
2,3% = p%
Gesucht: G_1 (Grundwert nach der ersten Veränderung)
Lösungsgedanke: G_0 wird um 2,3% vermehrt, also gilt:
G_1 = 102,3% von G_0
Rechne: 2680,00 € · 1,023 = G_1

24. Ein Monatsgehalt wurde von bisher 3150,00 € auf nunmehr 3228,75 € erhöht. Um wie viel Prozent wuchs das Gehalt?

25. Was bringt am Ende mehr? Fall 1: Der Lohn wird jetzt um 3,2% und ein Jahr später um 1,8% erhöht. Fall 2: Der Lohn wird jetzt um 2,5% und ein Jahr später nochmals um 2,5% erhöht.

26. Am Ende des Jahres 1998 betrug der Stundenlohn eines Facharbeiters bei der MANZAG 16,50 €. Sein Lohn stieg im Jahre 1999 um 2,8%, im Jahre 2000 um 3,2% und im Jahre 2001 um 4,1%.
a) Wie hoch ist sein Stundenlohn zu Anfang des Jahres 2002?
b) Um wie viel Prozent ist sein Stundenlohn von Ende 1998 bis Anfang 2002 insgesamt gestiegen?

$L_0 \cdot f_1 \cdot f_2 \cdot f_3 = L_3$

3 Zinsrechnung

Grundlagentest

(30 Minuten)

T 1 Berechne
a) 3,5% Zinsen von 4800 € für ein Jahr,
b) 6,75% Zinsen von 6600 € für 3 Monate,
c) 7,25% Zinsen von 12 500 € für 72 Tage.

T 2 Herr Kluge will für das Alter vorsorgen und dann neben seiner Rente ein zusätzliches Einkommen haben. Welches Kapital in € muss er festlegen, um daraus bei einem Zinssatz von 6,5% monatlich 1000 € an Zinsen zu beziehen?

T 3 Claudia bittet ihre Freundin Christine: „Leih mir doch für einige Wochen 5000 €. Ich zahle dir auch jeden Tag 5 € Zinsen." Welcher Zinssatz wird hier angeboten?

T 4 Ein Unternehmer hat bei der Bank ein Darlehen über 2 000 000 € zu 7,5% Zinsen aufgenommen. Später erhöht die Bank den Zinssatz auf 8,25%. Wie viele € muss der Unternehmer jetzt monatlich mehr an Zinsen aufbringen?

Übungsaufgaben

27. Berechne die Jahreszinsen (z_j).

a) 3% von 200,00 €	b) 10% von 1000,00 €	c) 0,5% von 10,00 €
4% von 300,00 €	20% von 500,00 €	0,4% von 20,00 €
5% von 400,00 €	30% von 2000,00 €	0,8% von 50,00 €

28. Wie hoch ist der Zinssatz (p)?

a) K = 1000,00 €; z_j = 50,00 €	b) K = 400,00 €; z_j = 32,00 €
K = 2000,00 €; z_j = 120,00 €	K = 500,00 €; z_j = 35,00 €
K = 3000,00 €; z_j = 210,00 €	K = 600,00 €; z_j = 54,00 €

Rechne die Aufgaben 27 und 28 im Kopf!

Jetzt wird trainiert

Die Zinsen für t Zinstage ($t \leq 360$) betragen:

$$z = z_j \cdot \frac{t}{360}$$

Die Zinsformel lautet also:

$$z = K \cdot \frac{p}{100} \cdot \frac{t}{360}$$

In Deutschland rechnet man so:
1 Jahr = 360 Zinstage
1 Monat = 30 Zinstage

29. Berechne die Zinsen von
a) 480,00 € zu 5% in 90 Tg. b) 840,00 € zu 1,8% in 135 Tg.
c) 70,00 € zu 4,5% in 15 Tg. d) 1488,00 € zu 2,4% in 75 Tg.

30. Berechne die fehlenden Größen.

	a)	b)	c)	d)
Kapital	2000,00 €	3000,00 €		4800,00 €
Zinssatz	7,5%		6,5%	2,25%
Zinstage		36 Tg.	18 Tg.	57 Tg.
Zinsen	112,50 €	22,50 €	162,50 €	

31. Herr Klamm hat sein Konto vom 3. Mai bis zum 28. August um 32 000,00 € überzogen. Wie hoch sind die Überziehungszinsen in € (p = 15,5%)?

Berechnung der Zinszeit:
vom 3. Mai bis 3. August = 90 Tg.
vom 3. August bis 28. August = 25 Tg.
Zinszeit = 115 Tg.

32. Eine Dach-Reparatur kostete 45 680,00 €. Die Rechnung war am 30. April fällig. Weil der Schuldner nicht zahlte, erhielt er mit Datum vom 31. Mai eine neue Rechnung über 45 994,05 €. Wie viel Prozent Verzugszinsen wurden berechnet?

4 Gleichungen

Grundlagentest

(60 Minuten)

T 1 Löse die folgenden Gleichungen:
a) $5x + 4 = 3x - 6$ b) $-2x + 3 = 5x - 4$
c) $4(3x + 1) = 1 + 3(5 - 4x)$ d) $-5(3x + 1) = 19 + 3(4x + 1)$

T 2 Löse die folgenden Gleichungssysteme:
a) $2x + 14y = 26$; $x - y = -3$
b) $8x + y = 37$; $6x + 2y = 14$
c) $18x + 8y = 182$; $4x + 8y = 28$

T 3
a) $u = 2a + 2b$ — Löse nach a auf.
b) $A = \frac{g \cdot h}{2}$ — Löse nach h auf.
c) $s = \frac{g}{2} \cdot t^2$ — Löse nach t auf.
d) $b = 2\pi r \cdot \frac{\alpha}{360}$ — Löse nach r und nach α auf.
e) $\frac{V_1}{T_1} = \frac{V_2}{T_2}$ — Löse nach V_2 und nach T_2 auf.

Übungsaufgaben

Jetzt wird trainiert

$m \cdot (a + b) = m \cdot a + m \cdot b$

Multipliziere und fasse zusammen.

33. a) $3(4x + 3) + 4(5x + 2)$ b) $4(10 - x) - 3(3 + 4x)$

34. a) $4(9x - 3) + 12(2x - 5)$ b) $6(12 + x) - 4(9 - 4x)$

35. a) $5(8x - 9) + 10(3x + 5)$ b) $8(11 - 7x) - 7(7x - 10)$

36. a) $(x + 1)^2 + (2x + 1)^2$ b) $(x + 1)^2 - (x - 1)^2$

37. a) $(x - 1)^2 + (1 + 2x)^2$ b) $(x - 1)^2 - (1 - x)^2$

38. a) $(1 + x)^2 + (3x + 2)^2$ b) $(x + 3)^2 - (3 - x)^2$

Äquivalenzumformungen von Gleichungen:

Auf beiden Seiten einer Gleichung die gleiche Zahl/den gleichen Term subtrahieren bzw. addieren.
Beide Seiten einer Gleichung durch die gleiche Zahl/den gleichen Term dividieren bzw. mit der gleichen Zahl/dem gleichen Term multiplizieren. Die Division durch 0 bzw. die Multiplikation mit 0 ist nicht erlaubt.

Löse in $\mathbb{Q}$. Kontrolliere dein Ergebnis.

39. a) $3x + (8x + 5) = 26 + 4x$ b) $3x + (9 - 4x) = 11$

40. a) $7x - (8 - 3x) = 28$ b) $5x - (3x + 2) = 1 + 3x$

41. a) $9x + (10 - 6x) = 25$ b) $7x - (9x + 15) = 1 - 10x$

42. a) $8x - (2x + 6) + (8 - 4x) = 0$ b) $(8x + 3) - (5 - 4x) - 8x = 2$

Löse die Verhältnisgleichungen in $\mathbb{Q}$.

43. a) $\frac{x}{15} = \frac{21}{63}$ b) $\frac{18}{x} = \frac{45}{15}$ c) $\frac{36}{24} = \frac{3x}{14}$

44. a) $\frac{x+13}{x+18} = \frac{5}{6}$ b) $\frac{x}{2x-10} = \frac{4}{5}$ c) $\frac{3x+40}{5} = \frac{5x-40}{3}$

Löse folgende Gleichungssysteme in $\mathbb{Q} \times \mathbb{Q}$.

45. a) $\begin{aligned} x + 3 + y &= 7 \\ x - 3 + 2y &= 4 \end{aligned}$ b) $\begin{aligned} 2a + 3b &= 13 \\ 3a + 6b &= 24 \end{aligned}$ c) $\begin{aligned} 4x - 2y &= y \\ y - 3x &= -5 \end{aligned}$

46. a) $\begin{aligned} 2x + 9 &= 2y \\ 4x + 8 &= 2y \end{aligned}$ b) $\begin{aligned} 3a + 5b &= 4 \\ 5a + 3b &= 4 \end{aligned}$ c) $\begin{aligned} 4x - 2y &= 0 \\ 6x + 3y &= -24 \end{aligned}$

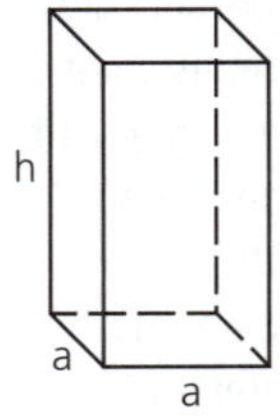

47. a) Schreibe die Oberflächenformel für nebenstehende quadratische Säule auf.
    b) Eine solche Säule soll ein Volumen von 1000 cm^3 besitzen. Die Grundfläche betrage 25 cm^2. Wie lang ist die Höhe? Welchen Flächeninhalt besitzt die Oberfläche?

5 Aufgaben zur Leistungsüberprüfung

Reparaturen - Rechnungen - Bezahlungen

Musteraufgabe

Für die Reparatur eines Rohrbruchs bei Frau Wassermann stellt ein Klempner in Rechnung:
- 1,5 Gesellenstunden Meyer (35,60 €/Stunde)
- 0,75 Gesellenstunden Müller (35,60 €/Stunde)
- Materialkosten: 122,80 €

Zur Gesamtsumme kommen 16% MWST hinzu.

a) Erstelle eine Rechnung unter dem Datum 1.Februar 2001. Als Zahlungsziel soll ausgewiesen werden: „Zahlung bis zum 28. Februar 2001. Bei Zahlung innerhalb von 8 Tagen 2% Skonto."

b) Welchen Betrag muss Frau Wassermann am 4. Februar 2001 überweisen?

c) Frau Wassermann verschludert die Rechnung und erhält am 31. März 2001 eine 2. Rechnung über den vollen Rechnungsbetrag zuzüglich 8,25% Verzugszinsen für einen Monat. Wie teuer wird die Reparatur jetzt?

Lösung:

Ein Beispiel für die Methode des Nacheinander

Strategie: Dem Vorgang folgen. Methode des Nacheinander

a) Rechnung erstellen: Einzelpositionen untereinander schreiben. Gesamtsumme bilden. MWST aufschlagen. Rechnungsbetrag ausweisen.

Rechnung für Frau Wassermann		vom 1. Februar 2001
2,25 Gesellenstunden (35,60 €/Stunde)		80,10 €
Materialkosten		122,80 €
	Summe	202,90 €
	+ MWST (16%)	32,46 €
	Rechnungsbetrag	235,36 €
Zahlungsziel ...		

Um den Überblick zu behalten, sollte man Rechnungen übersichtlich anlegen. Dies erleichtert auch die Kontrolle, ob man alle Textteile beachtet und nichts vergessen hat.

b) Das Datum ist entscheidend! Sie kann Skonto berechnen.

Rechnungsbetrag	235,36 €
– 2% Skonto	4,71 €
Überweisungsbetrag	230,65 €

c)

Rechnungsbetrag	235,36 €
+ 8,25% Verzugszinsen	1,62 €
Neuer Rechnungsbetrag	236,98 €

48. Frau Belmer ließ an ihrem Pkw eine kleine Inspektion durchführen. Folgende Arbeiten werden berechnet:

- *Ölwechsel mit Filterwechsel*	*Einheitspreis*
4 Liter Motoröl	*6,30 €*
1 Ölfilter	*5,20 €*
- *Flüssigkeit im Bremssystem erneuern*	
0,180 Liter Bremsfluid	*40,00 €*
Es kommen insgesamt an Lohn hinzu:	24,00 €

Zur Gesamtsumme sind 16% MWST zu addieren. Der Rechnungsbetrag ist bei Abholung am 2. Februar 2001 in bar fällig.

a) Lege eine Rechnung an und bestimme den Rechnungsbetrag.

b) Frau Belmer verspricht, den Rechnungsbetrag sofort zu überweisen. Als gute Kundin darf sie ihren Wagen selbstverständlich auch mitnehmen. Ganz gegen ihre Gewohnheit vergisst Frau Belmer die Überweisung und bekommt am 16. Februar 2001 eine Mahnung mit dem Hinweis, dass bei weiterer Verzögerung der Bezahlung ab 2. Februar 2001 bis zum Eingang des Geldes 8,5% Verzugszinsen fällig werden. Welchen Betrag musste sie am 22. Februar 2001 (am 2. März 2001) überweisen?

Versetze dich zunächst in die Rolle des Mitarbeiters der Werkstatt, dann in die der Frau Belmer.

49. Herr Sparsam hat im Mai 2001 die Heizungsanlage in seinem Einfamilienhaus auf den neuesten Stand der Technik bringen lassen und dafür insgesamt 8600,00 € ausgegeben. Der Heizungsbauer versichert ihm, dass er in Zukunft im Durchschnitt 22% an Brennstoffkosten sparen wird.

a) Im Juni 2001 tankt Herr Sparsam 3400 Liter Heizöl zum Preise von 0,37 €/Liter). Rechne aus, wie viele Liter Heizöl er für die alte Anlage hätte kaufen müssen, um die gleiche Wärmeabgabe zu erreichen. Wie viel Geld sparte er bereits im ersten Jahr allein beim Heizölkauf?

b) Angenommen, Herr Sparsam bezieht in den folgenden Jahren diese Mengen Heizöl:

2002 : 2800 *l*	2005 : 2850 *l*	2008 : 3210 *l*
2003 : 3100 *l*	2006 : 2760 *l*	2009 : 2810 *l*
2004 : 2950 *l*	2007 : 3080 *l*	2010 : 3020 *l*

Wie viele Liter Heizöl hätte Herr Sparsam in den zehn Jahren von 2001 bis 2010 insgesamt für die alte Anlage mehr tanken müssen?

c) Nimm an, dass Heizöl in den fraglichen Jahren von 2001 bis 2010 im Durchschnitt 40,00 €/100 *l* gekostet hat. Welchen Geldbetrag hat Herr Sparsam in zehn Jahren allein beim Heizöl gespart?

d) Die Modernisierung der Heizölanlage war steuerbegünstigt. Dadurch ermäßigte sich für Herrn Sparsam die Einkommensteuer um rund 250 € jährlich. Da der Brenner bei der neuen Anlage weniger läuft als bei der alten, sparte er zusätzlich jährlich 5 € bei den Stromkosten. Wie sieht seine Bilanz nach zehn Jahren aus?

Währungen

Als Währungsbezeichnung benutzen wir das bankenübliche *„EUR"* oder das allgemein übliche „€". 1 EUR = 1 €.

Sortenkurse gelten nur für den Handel mit Bargeld.
Im Mai 2000 wurden die Währungskurse in der Tagespresse noch in DM veröffentlicht.
In der Tabelle haben wir sie in EURO umgerechnet.

Währungskurse vom 2. Mai 2000

	Sortenkurse (in EUR)		Devisenkurse (in EUR)	
	Ankauf	Verkauf	Geld	Brief
USA (1 US-$)	1,0640	1,1310	1,0957	1,1030
England (1 £)	1,6448	1,7762	1,7132	1,7250
Kanada (1 kan. $)	0,7005	0,7823	0,7409	0,7475
Japan (100 Yen)	0,9561	1,0354	1,0089	1,0138
Australien (1 AUD)	0,6115	0,6872	0,6435	0,6444

Ein Sortenkurs/ein Devisenkurs ist der Preis einer ausländischen Währungseinheit in Inlandswährung (in EURO).
Zum Beispiel:
1 US-$ wurde für 1,0640 € angekauft bzw. für 1,1310 € verkauft.

Musteraufgabe

Ein Amerikaner auf der Durchreise tauschte am 2. Mai 2000 bei einer deutschen Bank 10 000 US-$ in englische Pfund. Wie viele £ erhält er ausgezahlt?

Lösung:

Strategie: Die Situation mit mathematischen Mitteln analysieren:
Es treten unterschiedliche Währungen (Größenbereiche!) auf, und zwar US-$, € und £. Geldbeträge werden einander zugeordnet. Deshalb legt man eine Zuordnungstafel mit drei Spalten an und trägt die entsprechenden Beträge ein. Die Zuordnungen zwischen den einzelnen Währungen sind proportional.

US-$	€	£
1,00	1,0640	
10 000,00	10 640,00	x
	1,7762	1,00

1. Rechenschritt: Umtausch von 10 000 US-$ in €. Für die Bank ist das ein Ankauf von Bargeld. Deshalb wird der Ankaufskurs für US- $ bei den Sortenkursen nachgeschlagen.

10 000,00 US-$ · 1,0640 €/US-$ = 10 640,00 €

2. Rechenschritt: Umtausch von 10 640,00 € in £. Für die Bank ist dies ein Verkauf, also muss der Sorten-Verkaufskurs gewählt werden.

$$\frac{x\ £}{1\ £} = \frac{10\,640{,}00}{1{,}7762} \quad \Rightarrow \quad x = 5\,990{,}32\,£$$

Antwort: Für 10 000 US-$ erhält der Kunde 5 990,32 £.

50. Eine Australierin befindet sich auf einer Weltreise und macht in Frankfurt einen Zwischenstopp. Dort tauscht sie bei einer Bank 15 000 AUD je zur Hälfte in US-Dollar und Kanadische Dollar um. Welche Geldbeträge erhält sie ausbezahlt?

51. Ines möchte nach Skandinavien und tauscht 1000 € in dkr und 2000 € in skr um, und zwar zu folgenden Sortenkursen (Verkauf in €): Dänemark (100 dkr): 27,845; Schweden (100 skr): 25,267.

    Wie viele dänische Kronen und wie viele schwedische Kronen hat sie zur Verfügung?

52. Mehmet hat 15 000 € gespart. Er plant, in einer großen Rundreise durch England, Kanada und die USA seine Sprachkenntnisse zu verbessern. Vor Antritt der Reise tauscht er bei einer Sparkasse je 5000 € in £, kan. $ und US-$ um.
    a) Welche Beträge erhält er in den fremden Währungen?
    b) Von der Reise bringt er 600 £, 1000 kan. $ und 500 US-$ wieder mit, die er in Deutschland einwechselt. Welcher €-Betrag wird ihm ausgezahlt?

53. Eine deutsche Import- und Exportfirma überweist 3 640 000 US-$ und 4 576 000 kan.$ an ihre Handelspartner in Übersee. Am gleichen Tage erhält sie aber auch eine Gutschrift über 5 500 000 US-$.
    a) Berechne den Wert der Überweisungen in €.
    b) Welcher €-Betrag wird dem Konto der Firma gutgeschrieben?

Jetzt müssen **Devisenkurse** zugrunde gelegt werden!

Rechne mit den Devisenkursen aus der Tabelle auf Seite 18 oben.

Geld: Ankaufskurs
Brief: Verkaufskurs

54. Ein Bremer Kaffeeimporteur bezieht für 1 200 000 US-$ Kaffee aus Brasilien, für 800 000 US-$ Kaffee aus Bolivien, für 1 300 000 US-$ Kaffee aus Kolumbien und für 2 000 000 US-$ Kakao aus Afrika. Das Geschäftskonto weist zur Zeit ein Guthaben von 5 500 000 € aus. Lassen sich alle genannten Rechnungen begleichen, ohne das Konto zu überziehen?

55. Ein deutsches Reisebüro hat bei seiner Bank in Frankfurt zur Zeit u. a. ein Guthaben von 1 650 000 £.

    Davon werden nacheinander bezahlt:
    - eine Rechnung über 650 000 €,
    - eine zweite Rechnung über 340 000 US-$ und
    - eine dritte Rechnung über 260 000 kan.$.

    a) Welches Guthaben in £ ist jetzt noch vorhanden?
    b) Lässt sich damit noch eine Rechnung über 1 000 000 Yen begleichen?

Wertpapiere

Musteraufgabe

Erläuterungen:
1) AUD = Austral. Dollar
2) Nennwert
3) Zinssatz
4) Wertpapierbezeichnung
5) Laufzeit der Anleihe (im Beispiel: 16. Juli 1997 bis zum 16. Juli 2007)
6) Nächster Zinszahlungstermin

Banken trennen bei großen Geldbeträgen oft die Tausender durch einen Punkt ab (wegen der besseren Lesbarkeit). Diesem Brauch können wir bei den notwendigen Rechnungen nicht folgen. Taschenrechner würden streiken.

Frau Ilse kaufte am 2. Februar 2000 eine australische Anleihe, und zwar AUD[1] 20 000[2] 7,25%[3] KFW INTL.FIN[4] 97/07[5] Nächstf.-Zinsschein 16. Juli 00[6].

Wertpapierabrechnung (gekürzt)

Nennwert	Wertpapierkurs	Währung	Kurswert
20 000,00	98,20	AUD	19 640,00
	Umrechnungskurs 1,53100	€	12 828,32
	Stückzinsen (ab 16. Juli 99)	€	515,64
	Maklergebühr (0,75‰)	€	9,62
	Abwicklungskosten	€	5,00
	Provision (0,50%)	€	64,14
	Auslagen	€	2,75
	Lastschrift	€	**13 425,47**

a) Schreibe auf, wie der Kurswert der gekauften Anleihe (12 828,22 EUR) berechnet wurde.
b) Die Kundin muss für die Zeit von der letzten Zinszahlung am 16. Juli 1999 bis zum Kauftag am 2. 2. 2000 Stückzinsen aufkaufen. Wie viele Zinstage sind das? Zeige, wie die oben gebuchten Stückzinsen berechnet wurden.
c) Wie hoch ist der Anteil aller anfallenden Gebühren am Kurswert der Anleihe (in %)?
d) Am 16. Juli 2000, am 16. Juli 2001, am 16. Juli 2002 usw., letztmalig am 16. Juli 2007 erhält Frau Ilse 7,25% Zinsen von 20 000,00 AUD. Die Anleihe wird am 16. Juli 2007 zum Nennwert zurückgezahlt. Nimm als mittleren Währungskurs 1,55000 AUD = 1,00 EUR an und berechne die an den genannten Terminen bei der Kundin eingehenden Gutschriften.

Lösung:
a), b) Anderer möglicher Ansatz für das Umrechnen in eine andere Währung:

AUD	EUR
1,53100	1,00
19 400,00	?
789,44	?

Strategie: Sachsituation Schritt für Schritt analysieren – Methode des Nacheinander anwenden.
Rechne die in der Wertpapierabrechnung ausgewiesenen Beträge nach. Auf diese Weise verstehst du den Vorgang viel besser!

a) 19 640,00 AUD : 1,53100 AUD/EUR = **12 828,22 EUR**
b) 196 Zinstage 16. Juli 99 bis 16. Januar 00 = 180 Tg.
+ 16 Tg. bis 2. Februar 00
7,25% von 20 000,00 AUD für 196 Tg.= 789,44 AUD
789,44 AUD : 1,531000 AUD/EUR = **515,64 EUR**
c) Summe der anfallenden Gebühren bilden:
9,62 EUR + 5,00 EUR + 64,14 EUR + 2,75 EUR = 81,51 EUR
81,51 EUR sind **0,6446%** des Kurswertes.

d) Zinsgutschriften, am 16. Juli 00, 16. Juli 01, 16. Juli 02 usw. bis zum 16. Juli 07:
Jeweils 7,25% von 20 000,00 AUD = 1 450,00 AUD.
Das sind (1 450,00 AUD : 1,55000 AUD/EUR) = 935,48 EUR.
Am 16. Juli 07 wird die Anleihe mit **12 903,23** EUR zurückgezahlt.

Als wir diese Lernhilfe schrieben, wussten wir die zukünftige Kursentwicklung des EUR *bzw. des australischen Dollars natürlich noch nicht. Besorge dir den aktuellen Kurs aus der Zeitung oder aus dem Internet und rechne die Aufgabe d) einmal mit diesem Kurs durch!*

Das ist doch mal ein Vorschlag!

56. Thomas kaufte am 1. März 2002 6%ige Pfandbriefe im Nennwert von 8000,00 EUR zu einem Kurs von 98%,
Zinstermin: 1. Februar (eines jeden Jahres).
    a) Berechne den Kurswert der Pfandbriefe.
    b) Thomas muss für einen Monat Zinsen aufkaufen. Wieso? Berechne den Betrag dieser Stückzinsen.
    c) Lege eine Wertpapierabrechnung an. Beachte die Kosten: Maklergebühr (0,75‰ vom Kurswert), Provision (0,5% vom Kurswert), Auslagen 3,00 EUR.
    d) Wie hoch sind die jährlichen Zinsen (in EUR)?
    e) Thomas kauft am 7. April 2004 vom gleichen Wertpapier nochmals Pfandbriefe im Nennwert von 9000,00 EUR nach. Nimm als dann geltenden Kurs 101,5% an. Lege für diesen Kauf eine Wertpapierabrechnung an.
    f) Wie lautet seine Zinsgutschrift am 1. Februar 2005?

57. Sabrina kaufte am 2. Mai 2000 Stück 200 T-Online-Aktien zum Kurse von 45,90 EUR. An Kosten entstanden damals: Maklergebühr (0,8‰ vom Kurswert), Provision (1,0% vom Kurswert), Auslagen 5,50 DEM. Im Jahre 2000 wurde in Deutschland in EUR gehandelt, jedoch in DM (DEM) abgerechnet. Es galt: 1,95583 DEM = 1,00 EUR.
    a) Bestimme den Kurswert der Aktien in DEM und lege eine Wertpapierabrechnung an.
    b) Sabrina verkauft ihre T-Online-Aktien am 28. Mai 2003 zum Kurse von 87,40 EUR. Lege eine Verkaufs-Abrechnung an.

58. Mark kaufte am 9. März 2000 Stück 300 LLOYDS TSB GRP LS-.25 (Aktien der Lloyds-Bank) zum Kurse von 8,60 EUR. An Kosten entstanden: Maklergebühr (0,8‰ vom Kurswert), Abwicklungskosten 10,00 DEM, Provision (1,0% vom Kurswert), Auslagen DEM 5,50. Mark verkauft diese Aktien später zu einem Kurs von 15,20 EUR. Wie hoch ist sein realer Gewinn aus dieser zeitweiligen Geldanlage?

Dies waren zwei Beispiele dafür, dass jemand mit Aktien Gewinne machte. Aktienkurse können jedoch auch fallen! Aktien sind Risikopapiere.

Mischungen

Musteraufgabe

In einem Labor sind zwei Fässer mit 30%iger Salzsäure und 90%iger Salzsäure vorhanden.

a) Es werden 20 Liter 30%ige Säure mit 10 Liter 90%iger Säure gemischt. Welchen Säuregehalt hat die Mischung?
b) In einen Behälter werden 20 Liter 30%ige Säure gegossen. Wie viele Liter 90%ige Säure müssen hinzugefügt werden, damit die Mischung 40%ig wird?
c) Es werden 10 Liter 90%ige Salzsäure mit Wasser verdünnt. Wie viele Liter Wasser müssen hinzugefügt werden, damit 50%ige Salzsäure entsteht?

Lösung:

Strategie: Den Vorgang mit mathematischen Mitteln analysieren.
Ergebnis: Es treten das Volumen und der Säuregehalt von verschiedenen Flüssigkeiten auf. Man sollte die Daten in einer Tabelle zusammenstellen und dann weitersehen.

a)

Sorte	Volumen
30%ige Säure	20 *l*
90%ige Säure	10 *l*

Nun fällt dir sicher auf, dass hier einfache Prozentaufgaben vorliegen. Grundwert und Prozentsatz sind in jeder Zeile gegeben. Den Prozentwert/den Säureanteil kannst du berechnen:

30% von 20 *l* = 6 *l*; 90% von 10 *l* = 9 *l*

Die Tabelle wird nach rechts um die Säureanteile erweitert:

Sorte	Volumen	Säureanteil
30%ige Säure	20 *l*	6 *l*
90%ige Säure	10 *l*	9 *l*

Der Gedanke „Zuordnungen" führt nicht weiter. Du musst wirklich den Vorgang (das Mischen) betrachten. In der Realität werden die beiden Teilmengen zusammengebracht. Es entsteht eine neue Sorte. Na also: Man addiert die Volumen und die Säureanteile und erhält als nächste Zeile: x%ige Säure 30 *l* 15 *l*
Den noch unbekannten Prozentsatz an Säure in der Mischung kannst du im Kopf ausrechnen (50%).
Antwort: Es entstehen 30 Liter 50%ige Salzsäure.

b)

Sorte	Volumen	Säureanteil
30%ige Säure	20 *l*	6 *l*
90%ige Säure	x *l*	(0,90 · x) *l*
40%ige Säure	20 + x *l*	0,40 · (20 + x) *l*

Bis jetzt hast du nur „in der Zeile" gedacht. Das „Zusammenschütten" liefert den Ansatz: $6 + 0{,}90x = 0{,}40(20 + x)$ (Addition in der letzten Spalte!).
Antwort: Man fügt **4 Liter** 90%ige Salzsäure hinzu.

c)

Sorte	Volumen	Säureanteil
90%ige Säure	10 l	9 l
Wasser	x l	0
50%ige Säure	(10 + x) l	0,50 · (10 + x) l

$$9 = 0{,}50 \cdot (10 + x) \Rightarrow x = 8$$

Antwort: Es müssen 8 Liter Wasser hinzugefügt werden.

59. Es stehen zum Mischen zur Verfügung: 60%iger, 70%iger und 99%iger Alkohol (Ethanol).
    a) Es werden 2,750 Liter 60%iger Alkohol mit 0,750 Liter 99%igem Alkohol gemischt. Welchen Alkoholgehalt hat die Mischung?
    b) Man mischt 700 ml 60%igen Alkohol mit 100 ml 99%igem Alkohol. Welchen Alkoholgehalt hat die Mischung?
    c) In ein Fass werden 12 Liter 60%iger Alkohol gegossen. Wie viele Liter 70%iger Alkohol müssen dazugegeben werden, damit 66%iger Alkohol entsteht?
    d) Aus 5 Litern 99%igem Alkohol soll durch Verdünnen mit Wasser 40%iger Alkohol entstehen. Wie viele Liter Wasser müssen hinzugefügt werden?

60. Frank führt einen Teeladen in der Stadt. Er kauft ein: 5 kg der besten Darjeeling-Sorte (Sorte 1) zum Preis von 60,00 € pro kg, 8 kg der zweitbesten Sorte (Sorte 2) für 55,00 € pro kg und 10 kg der Standardsorte für 42,00 € pro kg (Verkaufspreise).
    a) Als Geschenk für seine Freundin mischt er 250 g Sorte 1 mit 150 g Sorte 2. Wie teuer ist diese 400-g-Teemischung?
    b) Seine Eltern bekommen 600 g einer Mischung, die aus gleichen Teilen aller drei Sorten besteht. Welchen Preis hätte diese Tüte?
    c) Als „Partytee" bietet Frank eine Mischung aus der zweitbesten und der Standardsorte an. Er füllt dazu erst einmal 1500 g von Sorte 2 in eine Dose. Wie viele g der Standardsorte muss er beimischen, sodass die 100 g-Tüte Partytee 4,90 € kostet? Wie viele solcher Tüten kann er abpacken?

61. Tanja und Katja möchten ihr Taschengeld aufbessern. Für eine Stunde Babysitten bekommt man 3,20 €, für eine Stunde Erdbeerpflücken 5,50 €.
    a) Tanja möchte in dieser Woche 6 Stunden lang Babysitten. Beim Erdbeerpflücken möchte sie noch soviel Geld hinzu verdienen, dass sie auf mindestens 40 € die Woche kommt.
    b) Katja bevorzugt das Erdbeerpflücken und bringt es in dieser Woche auf 8 Arbeitsstunden. Wie viele €/Stunde müssten ihr geboten werden, sodass sie mit 2 zusätzlichen Stunden Babysitten in der Woche insgesamt 50 € verdient?

Nun kannst du dich einem anderen Gebiet zuwenden!

Viel Erfolg!

B Quadratische Funktionen und Gleichungen

INFO

Was du können musst:

1. Wertetabellen für quadratische Funktionen anlegen. Parabeln als Graphen quadratischer Funktionen zeichnen. Den Scheitelpunkt und die Nullstellen einer Parabel ablesen.
2. Die Funktionsgleichung einer quadratischen Funktion in die Scheitelpunktform umformen. Den Graphen einer quadratischen Funktion bei gegebener Scheitelpunktform zeichnen und umgekehrt die Scheitelpunktform der Funktionsgleichung bei einer gezeichnet vorliegenden Parabel angeben.
3. Eine quadratische Gleichung in der Normalform mithilfe der quadratischen Ergänzung oder durch Verwenden der entsprechenden Formel lösen. Eine gegebene quadratische Gleichung in die Normalform umformen und dann lösen.
4. Mithilfe der Diskriminante entscheiden, ob eine gegebene quadratische Gleichung lösbar ist, und angeben, ob sie eine oder zwei Lösungen besitzt.
5. Ausgewählte Problemstellungen in Sachsituationen mithilfe quadratischer Funktionen beschreiben. Dabei ggf. quadratische Gleichungen lösen. Die Lösungen im Sachzusammenhang interpretieren.

1 Wertetabellen und Graphen

Grundlagentest

(60 Minuten)

T 1 Zeichne die Normalparabel (den Graphen zu $y = x^2$).

T 2 Zeichne den Graphen einer Funktion nach der folgenden Wertetabelle im Intervall von (– 5) bis 3 ($x \in [-5|3]$).

x	– 5	– 4	– 3	–2	–1	0	1	2	3
y	12	5	0	–3	– 4	– 3	0	5	12

T 3 Lege eine Wertetabelle für die gegebene quadratische Funktion im angegebenen Intervall an. Zeichne den Graphen der Funktion. Lies den Scheitelpunkt der Parabel und die Nullstellen ab.

a) $y = x^2 - 8x + 15$ $[0|8]$ c) $y = -x^2 - 5x + 6{,}25$ $[-6|1]$
b) $y = 2x^2 - 8x + 8$ $[-|5]$ d) $y = -0.5x^2 - 2x + 3$ $[-7|3]$
e) $y = -x^2 - 3x - 4{,}25$ $[-5|2]$ Was fällt dir bei e) auf?

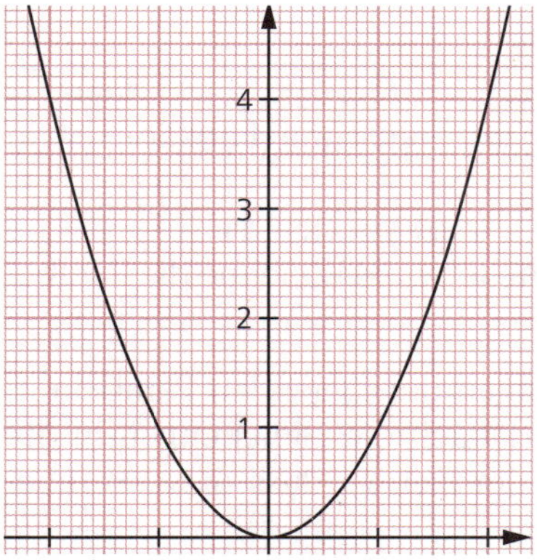

Links ist die **Normalparabel** (in Ursprungslage) gezeichnet. Zu ihr gehört die **Funktionsgleichung** $y = x^2$. Will man diese Parabel punktweise konstruieren, dann legt man eine **Wertetabelle** an (wie rechts auf dem Rand), markiert Punkt für Punkt in einem Achsenkreuz und zeichnet schließlich die durch diese Punkte festgelegte Kurve ein.

Wertetabelle zu $y = x^2$

x	y
−2,5	6,25
−2	4
−1,5	2,25
− 1	1
−0,5	0,25
0	0
0,5	0,25
1	1
1,5	2,25
2	4

Eine Normalparabel kann auch verschoben sein. Ob sie sich nun in Ursprungslage befindet oder nicht, in jedem Fall kann man eine Normalparabel auch so zeichnen:

Markiere den Scheitelpunkt. Gehe eine Einheit nach rechts/nach links und jeweils eine Einheit nach oben, markiere zwei Parabelpunkte. Gehe nun zwei Einheiten nach rechts/nach links und jeweils vier Einheiten nach oben, markiere zwei weitere Parabelpunkte. …

1. Zeichne eine verschobene Normalparabel mit dem Scheitelpunkt:
   a) S (2 | 1) b) S (− 4 | − 1) c) S (5 | − 4)
   Lege entweder vorher eine Wertetabelle an oder verfahre so, wie es im blau unterlegten Teil des Infokastens beschrieben ist.

2. Für eine quadratische Funktion ist eine Wertetabelle angelegt:

a)

x	y
− 5	7
− 4	0
− 3	− 5
− 2	− 8
− 1	− 9
0	− 8
1	− 5

b)

x	y
− 2	− 5
− 1	0
0	3
1	4
2	3
3	0
4	5

c)

x	y
−1	4
0	0
1	− 2
2	− 2
3	0
4	4

d)

x	y
0	10
1	0
2	− 6
3	− 8
4	− 6
5	0
6	10

   Markiere die Punkte in einem Achsenkreuz und zeichne die zugehörige Parabel. Lies den Scheitelpunkt der Parabel ab. Handelt es sich um eine verschobene Normalparabel? Antwort begründen!

3. Lege eine Wertetabelle an und zeichne den Graphen der quadratischen Funktion. Entsteht eine Normalparabel? Bestimme den Scheitelpunkt.
   a) $y = x^2 - 8x + 20$ b) $y = x^2 + 6x + 8$ c) $y = x^2 - 5x + 6$
   d) $y = -x^2 + 6x - 6{,}75$ e) $y = 0{,}5x^2 + 4x + 3{,}5$

Übungsaufgaben

Jetzt wird trainiert

Dies solltest du dir gut merken:
Zu einer Funktionsgleichung der Form $y = x^2 + px + q$ gehört als Graph der Funktion eine Normalparabel.

****

Die allgemeine Gleichung einer quadr. Funktion lautet:
$y = ax^2 + bx + c$
Ist a positiv ($a \neq 1$), dann ist die gesuchte Parabel schmaler oder breiter als die Normalparabel. Ist a negativ, dann ist sie nach unten geöffnet.

2 Scheitelpunktform

Grundlagentest

(60 Minuten)

T 1 Die folgende Gleichung einer quadratischen Funktion ist in Scheitelpunktform gegeben:

a) $y = (x + 3)^2 - 4$ b) $y = (x - 4)^2 - 1$

Welche Koordinaten hat der Scheitelpunkt? Zeichne die Parabel und lies die Nullstellen ab.

Einfache Scheitelpunktform: $y = (x-d)^2 + e$

T 2 Schreibe die Funktionsgleichungen der folgenden Parabeln in Scheitelpunktform auf. Forme danach die Gleichungen in die allgemeine Form um. Beachte im Fall d), dass diese Parabel nach unten geöffnet ist.

Es kann sein, dass du den Fall d) nicht lösen kannst. Führe aber erst den Test zu Ende, bevor du weitere INFOS einholst.

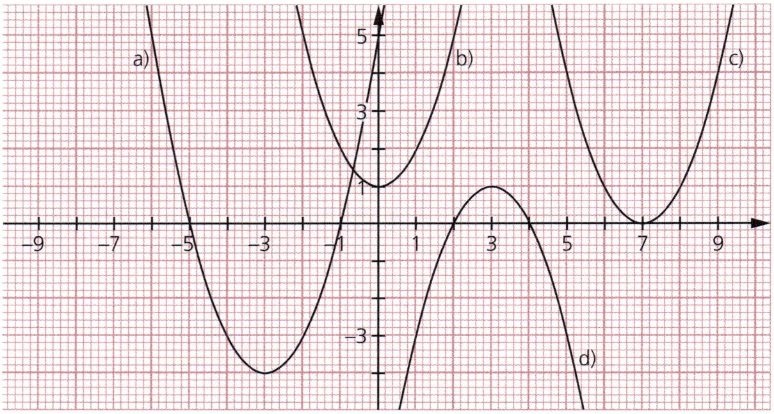

T 3 Eine verschobene Normalparabel besitzt den Scheitelpunkt $S(-3|-1)$.

a) Zeichne diese Parabel.

b) Welche Nullstellen besitzt sie?

T 4 Eine verschobene Normalparabel hat die Nullstellen $x_1 = 0$ und $x_2 = 4$. Wie heißen die Koordinaten ihres Scheitelpunkts?

Die 5. Aufgabe stellt etwas höhere Ansprüche.

T 5 Eine Normalparabel wird vom Ursprung aus um 5 Einheiten nach rechts verschoben. Die Bildparabel wird danach um 4 Einheiten nach oben verschoben. Die letzte Parabel wird nun an der x-Achse gespiegelt.

a) Wo liegt der Scheitelpunkt der durch Spiegelung entstandenen Parabel? Welche Nullstellen besitzt sie?

b) Wie heißt die Funktionsgleichung dieser Parabel?

INFOS

Wir betrachten jetzt den Fall, dass die Normalparabel zu $y = x^2$ aus der Ursprungslage in Richtung der Achsen verschoben worden ist.

Verschiebung in Richtung der x-Achse

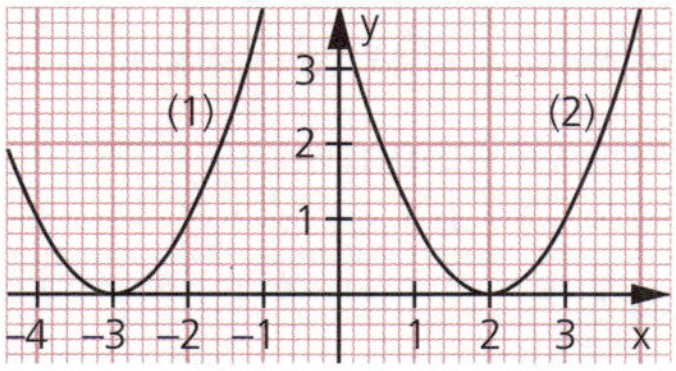

(1) um 3 Einheiten nach links.
Funktionsgleichung: $y = (x + 3)^2$;
Scheitelpunkt (– 3 | 0)

(2) um 2 Einheiten nach rechts.
Funktionsgleichung: $y = (x - 2)^2$;
Scheitelpunkt (2 | 0)

Diesen Fall genau durchdenken!

Verschiebung in Richtung der y-Achse

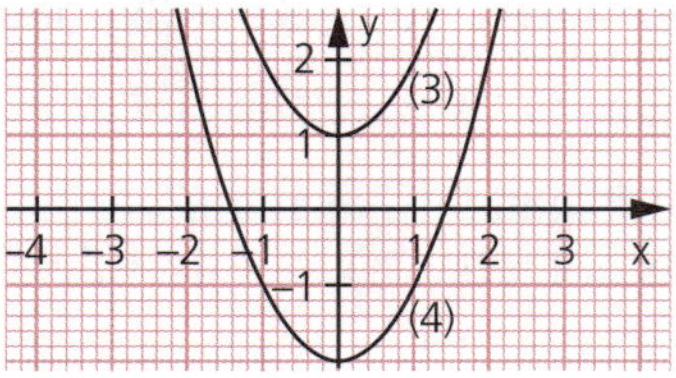

(3) um eine Einheit nach oben.
Funktionsgleichung: $y = x^2 + 1$;
Scheitelpunkt (0 | 1)

(4) um 2 Einheiten nach unten.
Funktionsgleichung: $y = x^2 - 2$;
Scheitelpunkt (0 | – 2)

Zusammengesetzte Verschiebungen

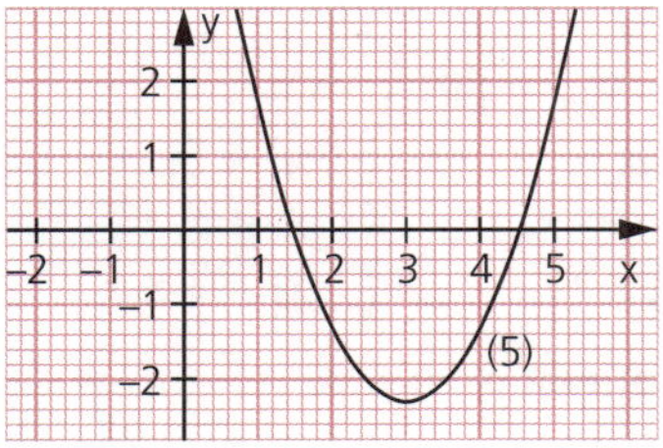

(5) Die Normalparabel zu $y = x^2$ wurde zunächst um drei Einheiten nach rechts, die neue Parabel dann noch um 2,25 Einheiten nach unten verschoben.
Funktionsgleichung:
$y = (x - 3)^2 - 2{,}25$
Scheitelpunkt (3 | – 2,25)

Präge dir ein, wie man die Koordinaten des Scheitelpunktes in der Scheitelpunktform der Funktionsgleichung einer verschobenen Normalparabel abliest!

Ist die Funktionsgleichung einer verschobenen Normalparabel in der Form $y = (x - d)^2 + e$ gegeben, dann kann man die Koordinaten des Scheitelpunktes S (d | e) ablesen.

Übungsaufgaben

Jetzt wird trainiert

4. Die Gleichung einer quadratischen Funktion ist in Scheitelpunktform gegeben. Welche Koordinaten hat der Scheitelpunkt der zugehörigen Parabel? Zeichne sie und lies ihre Nullstellen ab.
   a) $y = (x - 3)^2 - 4$ b) $y = (x + 4)^2 + 3$
   c) $y = (x - 1)^2 - 6{,}25$ d) $y = (x + 2)^2 - 2{,}25$

5. Von einer verschobenen Normalparabel sind die Koordinaten des Scheitelpunktes gegeben. Zeichne sie und gib ihre Funktionsgleichung in Scheitelpunktform und in allgemeiner Form an.
   a) S (3 | 3) b) S (– 4 | 4) c) S (– 3 | – 1) d) S (1,5 | – 2,5)

6. Erkläre und gib ein Beispiel: Wird eine verschobene Normalparabel mit $y = (x - d)^2 + e$ an der x-Achse gespiegelt, dann lautet die Funktionsgleichung des Spiegelbildes $y = -[(x - d)^2 + e]$.

Aufgabe 6: Für Mathe-Fans

3 Die Lösung quadratischer Gleichungen

Grundlagentest

(60 Minuten)

T 1 Setze die quadratische Ergänzung ein und forme in ein Quadrat der Form $(x \pm a)^2$ um:

a) $x^2 + 8x + \ldots$ b) $x^2 + x + \ldots$ c) $x^2 - 6x + \ldots$
d) $x^2 + \frac{1}{2}x + \ldots$ e) $x^2 - \frac{2}{3}x + \ldots$ f) $x^2 + \frac{4}{3}x + \ldots$

T 2 Löse die folgenden quadratischen Gleichungen:

a) $x^2 = 25$ b) $(x-3)(x+7) = 0$ c) $x^2 = \frac{4}{9}$
d) $x^2 = 7$ e) $x^2 - 6x = 0$ f) $x^2 + 14x = 0$

T 3 Löse die folgenden quadratischen Gleichungen:

a) $x^2 - 8x + 15 = 0$ b) $x^2 + 2x - 15 = 0$ c) $x^2 + 6x + 8 = 0$
d) $x^2 - \frac{3}{4}x + \frac{1}{8} = 0$ e) $x^2 + 0{,}4x - 0{,}96 = 0$ f) $3x^2 + 3x - 18 = 0$

T 4 Wie bildet man die Diskriminante D? Wozu dient sie?

T 5 Wie viele Lösungen besitzt die folgende Gleichung?

a) $x^2 - x - 12 = 0$ b) $x^2 - 4x + 4 = 0$ c) $x^2 + 4x + 5 = 0$

Übungsaufgaben

Jetzt wird trainiert

7. Setze die quadratische Ergänzung ein und forme mithilfe der Binomischen Formel um.

Muster: $x^2 + 8x + \ldots = \ldots$
$x^2 + 8x + 16 = (x + 4)^2$

a) $x^2 + 6x + \ldots$ b) $x^2 - 8x + \ldots$ c) $x^2 + 5x + \ldots$
d) $a^2 + 12a + \ldots$ e) $b^2 - 14b + \ldots$ f) $x^2 + x + \ldots$
g) $x^2 - \frac{2}{3}x + \ldots$ h) $a^2 - \frac{1}{3}a + \ldots$ i) $x^2 + \frac{4}{5}x + \ldots$

8. Löse reinquadratische Gleichungen.

a) $x^2 = 100$ b) $x^2 = 225$ c) $x^2 = 12{,}25$
d) $x^2 - 144 = 0$ e) $x^2 - 6{,}25 = 0$ f) $x^2 + 4 = 0$
g) $x^2 - \frac{9}{16} = 0$ h) $x^2 + \frac{4}{9} = 0$ i) $x^2 - 0{,}04 = 0$

Wir zeigen dir jetzt an einem Beispiel, wie man eine quadratische Gleichung löst, die in der **Normalform** $x^2 + px + q = 0$ vorliegt.

Gegeben: $x^2 - 3x - 54 = 0$

Umformen zu: $x^2 - 3x = 54$

Quadratisch ergänzen: $x^2 - 3x + 2{,}25 = 54 + 2{,}25$

Links mithilfe der Binomischen Formel umformen, rechts zusammenfassen: $(x - 1{,}5)^2 = 56{,}25$

Wurzelziehen liefert zwei gleichberechtigte Gleichungen:

$x - 1{,}5 = -\sqrt{56{,}25}$ oder $x - 1{,}5 = \sqrt{56{,}25}$

Daraus folgt: $x - 1{,}5 = -7{,}5$ oder $x - 1{,}5 = 7{,}5$

Die Lösungen heißen: $x_1 = -6$ und $x_2 = 9$ $\mathbb{L} = \{-6; 9\}$

Manchmal musst du auch einen Sonderfall lösen, nämlich eine **reinquadratische Gleichung**, Beispiel: $x^2 = 56{,}25$

Hier liefert das Wurzelziehen: $x_1 = -\sqrt{56{,}25}$, $x_2 = \sqrt{56{,}25}$

$x_1 = -7{,}5$ und $x_2 = 7{,}5$

Für quadratische Gleichungen in der Normalform existiert auch eine **Lösungsformel:** Für $x^2 + px + q = 0$ gilt:

$$x_1 = -\frac{p}{2} - \sqrt{\frac{p^2}{4} - q} \qquad x_2 = -\frac{p}{2} + \sqrt{\frac{p^2}{4} - q}$$

Der Term $\frac{p^2}{4} - q$ heißt **Diskriminante**. Ist der Zahlenwert dieses Terms kleiner als 0, dann besitzt die quadratische Gleichung keine Lösung, ist er größer als 0, dann sind zwei Lösungen vorhanden. Ist der Wert der Diskriminante gleich 0, dann existiert genau eine Lösung.

INFOS

Wie man die **quadratische Ergänzung** findet:
(1) Den Faktor vor x halbieren, ergibt: $(-3):2 = -1{,}5$
(2) Diese Zahl quadrieren, ergibt $(-1{,}5)^2 = 2{,}25$

Lösungsformel

Diskriminante

9. Löse die folgenden Gleichungen.

a) $(x + 3)(x - 7) = 0$ b) $(x - 4)(x + 9) = 0$ c) $(x - 1)(x + 1) = 0$
d) $x \cdot (x - 6) = 0$ e) $(x + 5) \cdot x = 0$ f) $(x - 7)(x - 7) = 0$

Anleitung:
Ein Produkt ist genau dann gleich 0, wenn ein Faktor des Produktes gleich 0 ist.

Beispiel: Löse: $(x - 7)(x + 9) = 0$
Der 1. Faktor wird 0, wenn man für x die Zahl 7 einsetzt. Der 2. Faktor wird 0, wenn man für x die Zahl (-9) einsetzt. Also gilt: $\mathbb{L} = \{7, -9\}$

Jetzt wird trainiert

Sind x_1 und x_2 die Lösungen der quadratischen Gleichung $x^2 + px + q = 0$, dann lässt sich die Gleichung auch in der Form $(x - x_1)(x - x_2) = 0$ schreiben.

Jetzt wird trainiert

10. Die Lösungen x_1 und x_2 einer quadratischen Gleichung seien gegeben. Bestimme die Normalform dieser Gleichung.
    Gegeben: a) $x_1 = 3$, $x_2 = 7$ b) $x_1 = -3$, $x_2 = 7$ c) $x_1 = 0{,}5$, $x_2 = 1{,}5$

    Beispiel:
    Es seien: $x_1 = -5$ und $x_2 = 7$
    Also gilt: $(x + 5)(x - 7) = 0$
    Umgeformt: $x^2 + 5x - 7x - 35 = 0 \Leftrightarrow x^2 - 2x - 35 = 0$

Löse die folgenden quadratischen Gleichungen.

11. a) $x^2 - 5x - 66 = 0$ b) $x^2 - 5x - 84 = 0$
    c) $x^2 - 12x - 45 = 0$ d) $x^2 - 11{,}5x - 6 = 0$
    e) $x^2 - 7{,}5x + 9 = 0$ f) $x^2 - 6{,}5x + 10 = 0$
    g) $x^2 + \frac{1}{6}x - \frac{1}{6} = 0$ h) $x^2 + \frac{5}{12}x - \frac{1}{6} = 0$

Du kannst diese und die folgenden quadratischen Gleichungen mithilfe der quadratischen Ergänzung oder mithilfe der Lösungsformel lösen. Wir raten dir, die Methode zu wählen, die im Unterricht bevorzugt wurde.

Denke daran: Immer erst in die Normalform umformen.

12. a) $3x^2 - 3x + 10 = 28$ b) $4x^2 + 16x + 5 = 25$
    c) $5x^2 - 30x - 1 = -41$ d) $6x^2 + 30x + 126 = -30x$
    e) $-10x^2 + 50x - 30 = 30$ f) $-15x^2 + 180 - 3x = 12x$

13. a) $(4x + 3)^2 - 56x = 57$ b) $(2x + 5)^2 + (x + 3)(3 - x) = 1$
    c) $(3x + 1)^2 - (x + 1)^2 = 9x^2$ d) $(6x - 1)^2 - 25(x + 1)^2 = (2x - 5)^2$

14. Wie viele Lösungen hat die Gleichung?
    a) $x^2 - 6x + 5 = 0$ b) $x^2 - 4x + 7 = 0$ c) $x^2 + 6x + 9 = 0$

4 Textaufgaben

Grundlagentest

(45 Minuten)

T 1 Ein Rechteck besitzt einen Umfang von 150 m und einen Flächeninhalt von 1250 m². Wie lang sind die Seiten?

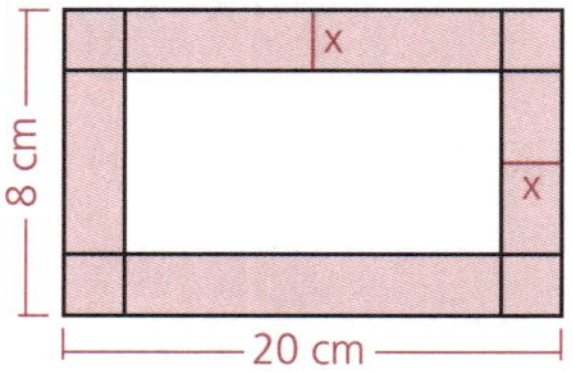

T 2 Der Rahmen des Bildes soll überall gleich breit sein. Er soll außerdem genau den gleichen Flächeninhalt wie die eingerahmte Innenfläche besitzen. Wie breit ist der Rahmen? Welche Maße hat die Innenfläche?

T 3 Die Umfänge zweier verschiedener Quadrate betragen zusammen 36 cm. Die Summe ihrer Flächeninhalte ist 45 cm². Welche Seitenlängen besitzen die Quadrate?

5 Aufgaben zur Leistungsüberprüfung

Anwendungen und Probleme aus der Geometrie

Musteraufgabe

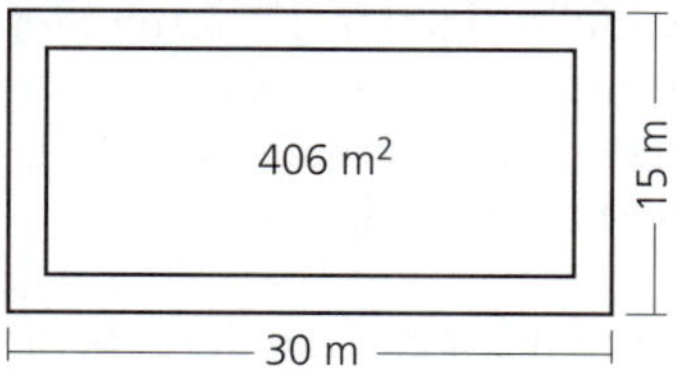

Links ist eine Skizze für Helmuts neuen Gartenteich zu sehen. Die Wasseroberfläche wird 406 m² betragen.

a) Wie stark wird die Betonwand?
b) Welche Innenmaße bekommt das Becken?

Lösung:

Strategie: Methode der Probefigur anwenden. Das heißt: Probefigur anlegen, Gegebenes hervorheben, Probefigur durch Linien oder Strecken sinnvoll anreichern, bis man Zusammenhänge erkennt.

Im Beispiel ist die Stärke (Dicke) der Betonwand gesucht. Dieses Maß wirst du mit x (gemessen in m) bezeichnen und Strecken mit der Länge x an mehreren Stellen in der Probefigur einzeichnen (Probefigur anreichern).

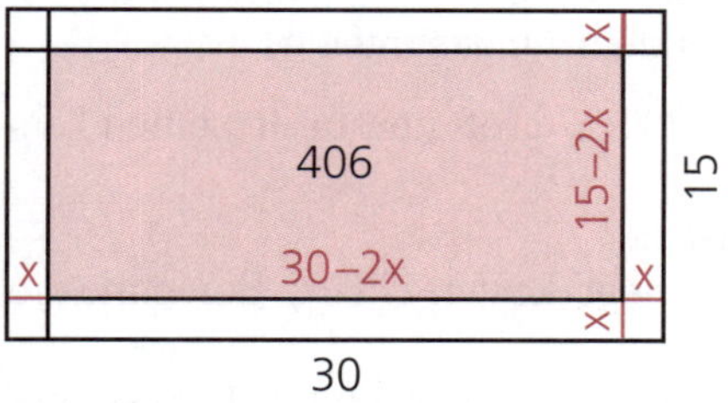

Du siehst: Länge und Breite der Innenfläche lassen sich nun angeben:

$30\,m - 2x$ bzw. $15\,m - 2x$

Das Produkt dieser Größen ergibt den Flächeninhalt der inneren Fläche. Also gilt:

Ansatz: $(30 - 2x) \cdot (15 - 2x) = 406$

Diese quadratische Gleichung wird gelöst:

$$\begin{aligned} 450 - 30x - 60x + 4x^2 &= 406 \\ 4x^2 - 90x + 44 &= 0 \\ x^2 - 22{,}5x + 11 &= 0 \end{aligned}$$

Die Lösungen sind: $\mathbf{x_1 = 0{,}5;\ x_2 = 22}$

Für das konkrete Problem hat nur die erste Lösung eine praktische Bedeutung.

Antworten:

a) Die Betonwand wird 0,50 m stark.
b) Die Wasseroberfläche ist 29 m lang und 14 m breit.

Kontrolle: $29\,m \cdot 14\,m = 406\,m^2$

15. Ein Rechteck besitzt einen Flächeninhalt $A = 100\,cm^2$. Die Längen zweier Nachbarseiten unterscheiden sich um 5 cm. Wie lang und wie breit ist das Rechteck?

16. Vor Markus liegt ein quadratisches Stück Papier. Er schneidet links und rechts jeweils 6 cm, oben und unten jeweils 8 cm ab. Das entstandene rechteckige Papierstück hat genau den halben Flächeninhalt wie das ursprüngliche Papierstück.
   a) Wie groß war dieses?
   b) Wie muss Markus das neue Papierstück beschneiden, damit ein Quadrat mit größtmöglichem Flächeninhalt entsteht?
   c) Vergleiche den Flächeninhalt des neuen quadratischen Papierstücks mit dem Flächeninhalt des ursprünglichen Quadrats.

17. Vor Sengül liegen zwei verschieden große Quadrate. Die Seitenlänge des rechten Quadrates ist um 4 cm größer als die Seitenlänge des linken Quadrates. Das größere Quadrat hat den 6-fachen Flächeninhalt des kleineren Quadrates.
   a) Welche Seitenlängen haben die beiden Quadrate?
   b) Berechne die Flächeninhalte der beiden Quadrate und kontrolliere dein Ergebnis aus dem Aufgabenteil a).

18. Eine rechteckige Terrasse ist $130\,m^2$ groß und besitzt einen Umfang von 46 m.
   a) Wie lang und wie breit ist sie?
   b) $1\,m^2$ Bodenfliesen (fertig verlegt) kosten 22,60 €. Berechne die entstandenen Kosten.
   c) Der Besitzer beschließt, die schmalen Seiten der Terrasse mit einem Holz-Lamellenzaun versehen zu lassen, das lfd. Meter zu 82,50 €. Wie teuer wird der Zaun?

19. Die Maßzahlen der drei unterschiedlichen Kantenlängen eines Quaders sind aufeinander folgende natürliche Zahlen. Die gesamte Oberfläche des Quaders beträgt $724\,cm^2$.
   a) Zeichne das Schrägbild eines Quaders als Probefigur.
   b) Wie lang sind die drei in einer Quaderecke zusammenstoßenden Kanten?
   c) Es soll ein Kantenmodell dieses Quaders hergestellt werden. Die dazu notwendigen Stäbe sollen von einer Rundleiste abgeschnitten werden. Wie lang muss diese Leiste mindestens sein?

20. In einem Rechteck verhalten sich die Längen zweier Nachbarseiten wie 2 : 3. Der Flächeninhalt beträgt $384\,cm^2$. Wie lang sind die Seiten?

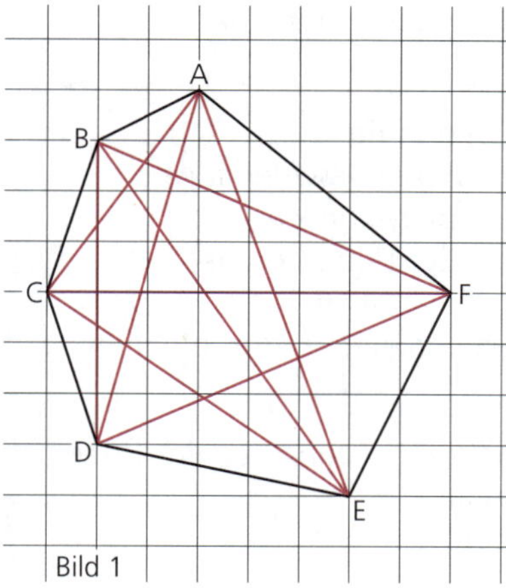

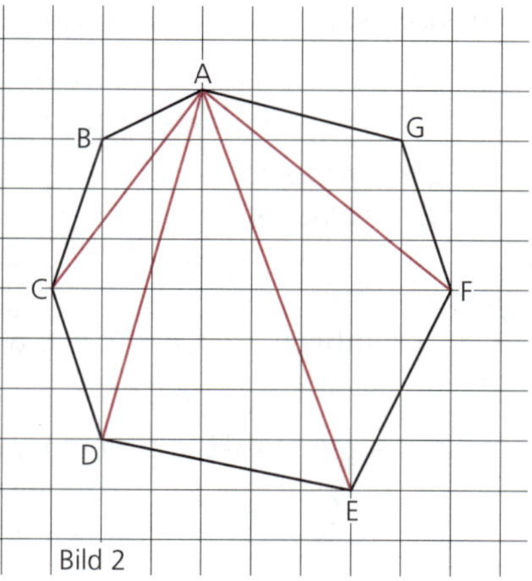

21. In Bild 1 siehst du ein unregelmäßiges Sechseck, ein Vieleck mit 6 Ecken. Es sind alle Diagonalen eingezeichnet. Wenn man die Anzahl d der Diagonalen eines 6-Ecks bestimmen will, kann man so vorgehen: Von jeder Ecke gehen 3 Diagonalen aus, von 6 Ecken also $6 \cdot 3$ Diagonalen. Jede Diagonale ist jetzt aber doppelt gezählt. Also sind es $d = (6 \cdot 3) : 2 = 9$ Diagonalen.
    a) Das n–Eck in Bild 2 hat genau eine Ecke mehr als das 6-Eck. Es ist also ein 7-Eck. Du sollst jetzt die Anzahl der Diagonalen in einem 7-Eck berechnen. Gehe so vor, wie es eben für das 6-Eck dargestellt wurde.
    b) Entwickle nun eine Formel für die Anzahl der Diagonalen in einem beliebigen n-Eck. Nenne die Anzahl der Diagonalen d und die Anzahl der Ecken n.
    c) Ein bestimmtes n-Eck besitzt 35 Diagonalen. Wie viele Ecken hat es?
    d) Welches n-Eck hat genau so viele Diagonalen wie Ecken?

22. Ein Freundeskreis von 9 Männern trifft sich. Zur Begrüßung schüttelt jeder jedem die Hand.
    a) Wie viel mal werden dabei Hände geschüttelt?
    b) Sevda behauptet, das dieses Problem mit der gleichen Strategie gelöst werden kann, wie wir sie in Aufgabe 21 anwandten. Marc wendet ein: Im Prinzip ja, aber .... Setze den Satz fort.

Und wie wäre es mit einer Probefigur?

23. In der Hauptstelle einer Bank gibt es 235 Telefonanschlüsse. Wie viele Telefonverbindungen existieren damit innerhalb des Hauses?

24. Nimm an, dass in Deutschland 15 Millionen PCs an das Internet angeschlossen sind. Wie viele mögliche Internetverbindungen gibt es zwischen diesen PCs?

Anwendungen und Probleme aus der Bewegungslehre

INFOS

Das Weg-Zeit-Gesetz für

gleichförmige Bewegungen	*gleichmäßig beschleunigte Bewegungen* (aus der Ruhe heraus)
$s = v \cdot t$	$s = \frac{a}{2} \cdot t^2$

s = Gesamtweg · m) v = Geschwindigkeit $(\frac{m}{s})$ a = Beschleunigung $(\frac{m}{s^2})$

Für die gleichmäßig beschleunigte Bewegung aus der Ruhe heraus gilt:

$v = a \cdot t$

Das Weg-Zeit-Gesetz für gleichmäßig beschleunigte Bewegungen ist eine quadratische Gleichung

Musteraufgabe

- Carlos fährt auf der Landstraße mit 80 km/h. Als er plötzlich vor sich spielende Kinder sieht, geht er voll auf die Bremse. Wie lange dauert es, bis der Wagen steht? Wie lang ist der Anhalteweg? Beachte: Seine Reaktionszeit beträgt 1 s. Die Bremsverzögerung des Wagens beträgt $-5\,m/s^2$.

Lösung:

Strategie: Methode der Probefigur. Skizze mit Anhalteweg anlegen. Diesen in zwei Abschnitte teilen: **Reaktionsweg** bei gleichförmiger Bewegung und **Bremsweg** bei (negativ) beschleunigter Bewegung. Dann überlegen, wie man diese Wege nacheinander berechnet.

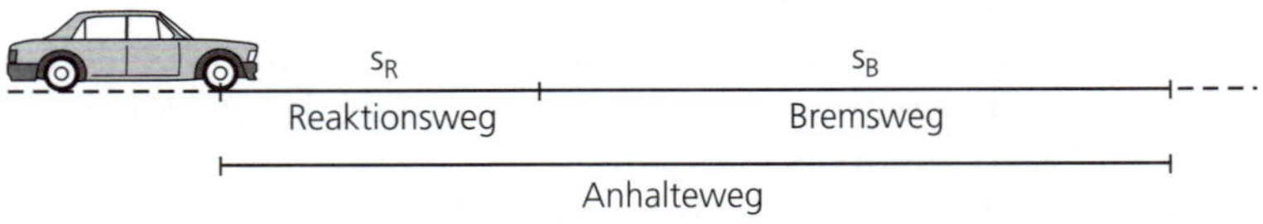

1. Schritt: Reaktionsweg s_R berechnen. $s_R = v \cdot t$

$$s_R = 80\,\frac{km}{h} \cdot 1\,s = \frac{80 \cdot 1000\,m}{60 \cdot 60\,s} \cdot 1\,s = 22{,}22\,m$$

2. Schritt: Bremszeit t_B berechnen. $t_B = \frac{v_R}{|a|} = \frac{22{,}22\frac{m}{s}}{5\frac{m}{s^2}} = 4{,}44\,s$

3. Schritt: Bremsweg s_B berechnen. $s_B = \frac{a}{2} \cdot t^2 = 2{,}5\,\frac{m}{s^2} \cdot 4{,}44^2\,s^2 = 49{,}28\,m$

4. Schritt: Anhaltezeit = 1 s + 4,4 s = 5,4 s
Anhalteweg = 22,22 m + 49,28 m = 71,50 m

Erläuterungen zum 2. Schritt:
Beim Bremsen nimmt die Geschwindigkeit von $v_R = 22{,}22\,m/s$ auf 0 m/s (Stillstand) ab. Also kann man das Geschwindigkeit-Zeit-Gesetz $v = a \cdot t$ benutzen und diese Gleichung nach t auflösen.

Antwort: Carlos Auto kommt nach 5,4 Sekunden zum Stehen. In dieser Zeit hat er einen Anhalteweg von 71,50 Metern zurückgelegt.

25. Ein Sportwagen beschleunigt mit a = 6 m/s².
   a) In welcher Zeitspanne hat er eine Geschwindigkeit von 100 km/h erreicht?
   b) Welche Fahrstrecke hat er dabei zurückgelegt?
   c) Nimm an, der Fahrer beschleunige den Wagen vom Start an genau 10 Sekunden lang. Welche Geschwindigkeit zeigt in diesem Augenblick das Tacho an? Nimm weiter an, dass er danach mit gleichbleibender Geschwindigkeit 10 Sekunden weiter fährt. Wie weit ist er nun schon vom Startpunkt entfernt?

26. In der Beschreibung liest Herr Müller, dass sein neuer Wagen 10,4 Sekunden braucht, um von 0 km/h auf 100 km/h zu beschleunigen.
   a) Berechne die Beschleunigung a in m/s^2, die sein Wagen maximal leistet.
   b) Welche Fahrstrecke wird bei diesem Beschleunigungsvorgang zurückgelegt?

27. Welche Bremsverzögerung müsste Carlos Auto (Siehe Musteraufgabe links) haben, damit er bei einer Geschwindigkeit von 80 km/h und einer Reaktionszeit von 1 Sekunde nach 50 Metern zum Stehen kommt?

Freier Fall:
Der freie Fall ist eine gleichmäßig beschleunigte Bewegung. Lässt man den Luftwiderstand beim Fall unberücksichtigt, dann gelten folgende Gesetze: $s = \frac{g}{2} \cdot t^2$ und $v = g \cdot t$

INFOS

In der Nähe der Erdoberfläche gilt:
$g = 9{,}81 \frac{m}{s^2}$
(Fallbeschleunigung)

28. Der Riese Bumbo lässt aus 80 m Höhe einen Findling fallen.
   a) Wie lange dauert es, bis der Stein unten aufschlägt?
   b) Mit welcher Geschwindigkeit trifft der Findling auf dem Boden auf?
   c) Nimm an, Bumbo schleudert den Findling mit Wucht zu Boden, Anfangsgeschwindigkeit v_0 = 10 m/s. Wie lange dauert es in diesem Falle, bis der Findling unten ankommt?
   d) Doch o weh! Der Findling fällt ihm selbst auf die Füße. Außer sich vor Wut hebt er den Findling auf und schleudert den Stein mit aller Kraft in den Himmel (lotrecht nach oben), Anfangsgeschwindigkeit 15 m/s. Wie lange dauert es, bis Bumbo die nächste böse Überraschung erlebt?

Wo rohe Kräfte sinnlos walten, ...

c) und d):
Nur für Mathe- und Physik-Fans

C Potenzen

INFOS

Was du können musst:

1. Die Bedeutung der Potenz a^n als eine Schreibweise für ein Produkt aus n Faktoren a kennen. Die Potenzgesetze anwenden und unter Rückgriff auf den Potenzbegriff begründen.

2. Die Erweiterungen des Potenzbegriffs kennen: $a^1 = a$, $a^0 = 1$, $a^{-n} = \frac{1}{a}$, $a^{\frac{1}{n}} = \sqrt[n]{a}$. Entsprechende Umformungen vornehmen. Wurzelgesetze in Analogie zu den Potenzgesetzen verwenden.

3. Zahlenwerte für Potenzen und Wurzeln mithilfe des Taschenrechners bzw. Computers bestimmen.

4. Zahlen mithilfe von Zehnerpotenzen schreiben und umgekehrt derartig dargestellte Zahlen wieder als natürliche Zahlen bzw. als Dezimalbrüche schreiben. Die rechnerspezifische Zahldarstellung mithilfe von Zehnerpotenzen kennen. Mit Größen, deren Zahlenwerte mithilfe von Zehnerpotenzen dargestellt sind, rechnen. Derartige Größen in andere Einheiten umformen.

1 Potenzbegriff – Potenzgesetze

Grundlagentest

(30 Minuten)

T 1 Forme in eine Potenz um.

a) $3 \cdot 3 \cdot 3 \cdot 3$ b) $a \cdot a \cdot a \cdot a \cdot a$ c) $a \cdot b \cdot a \cdot b$

d) $\frac{1}{2 \cdot 2 \cdot 2 \cdot 2}$ e) $\frac{a \cdot a \cdot a}{a \cdot a}$ f) $\frac{x \cdot x}{x \cdot x \cdot x \cdot x}$

g) $\sqrt{7}$ h) $\sqrt[3]{a}$ i) $\sqrt[4]{x \cdot x}$

T 2 Vereinfache.

a) $3^2 \cdot 3^5$ b) $4^5 : 4^3$ c) $(5^2)^3$

d) $a^6 \cdot b^6 \cdot c^6$ e) $b^8 : (b^2 \cdot b^4)$ f) $(x^2)^2 \cdot x^2$

T 3 Leite das 1. Potenzgesetz ($a^m \cdot a^n = a^{m+n}$) her, indem du auf die Bedeutung der Potenzen a^m und a^n zurückgreifst.

INFOS

Eine Potenz ist zunächst nichts anderes als eine Kurzschreibweise für ein Produkt aus gleichen Faktoren: $a \cdot a = a^2$; $b \cdot b \cdot b = b^3$; $x \cdot x \cdot x \cdot x \cdot x = x^5$

Auf der Grundlage dieses Potenzbegriffs leitet man fünf **Potenzgesetze** her:

Potenzgesetze

$$a^m \cdot a^n = a^{m+n} \qquad a^n \cdot b^n = (a \cdot b)^n$$
$$a^m : a^n = a^{m-n} \qquad a^n : b^n = \left(\tfrac{a}{b}\right)^n$$
$$(a^m)^n = a^{m \cdot n}$$

Dabei sind die Exponenten (Hochzahlen) zunächst natürliche Zahlen, größer oder gleich 2. Die Basen a und b können beliebige Zahlen sein. Allerdings gilt weiterhin: Durch 0 darf man nicht dividieren.

* * * * * * * *

Aufgaben, wie $a^2 : a$, $a^2 : a^2$, $a^2 : a^3$, $a^2 : a^4$, …, haben, wenn man sie in Bruchform schreibt, einfache Lösungen, nämlich:

$$\frac{a^2}{a} = \frac{a \cdot a}{a} = a, \ \frac{a^2}{a^2} = \frac{a \cdot a}{a \cdot a} = 1, \ \frac{a^2}{a^3} = \frac{a \cdot a}{a \cdot a \cdot a} = \frac{1}{a}, \dots$$

Sie zeigen, dass es sinnvoll und notwendig ist, den ursprünglichen Potenzbegriff zu erweitern und Folgendes festzusetzen:

$$a = a^1, \ a^0 = 1, \ \frac{1}{a} = a^{-1}, \ \frac{1}{a^2} = a^{-2}, \dots$$

Erweiterungen des Potenzbegriffs:
$a^1 = a$
$a^0 = 1$
$a^{-1} = \frac{1}{a}$
$a^{-n} = \frac{1}{a^n}$

Bei unseren ausgewählten Aufgaben erhält man nun, wenn man rein formal nach den Potenzgesetzen rechnet, die gleichen Lösungen wie beim Rechnen nach der ursprünglichen Bedeutung der Potenzen:

$$a^2 : a = a^{2-1} = a^1 = a \qquad a^2 : a^2 = a^{2-2} = a^0 = 1$$
$$a^2 : a^3 = a^{2-3} = a^{-1} = \frac{1}{a}, \dots$$

Übungsaufgaben

Jetzt wird trainiert

1. Rechne, indem du auf die Bedeutung der auftretenden Potenzen zurückgreifst.

a) $2^3 \cdot 2^4$ b) $3^5 : 3^3$ c) $2^4 \cdot 3^4$ d) $6^5 : 3^5$
e) $2^4 : 2^4$ f) $5 \cdot 5^2$ g) $6^4 : 6^3$ h) $2^2 : 2^4$
i) $(2^3)^2$ j) $(3^2)^3 : 3^4$ k) $(2^0)^{10}$ l) $(3^4)^0 : 2^0$

2. Rechne nach den Potenzgesetzen.

a) $3^2 \cdot 4^2$ b) $2^2 \cdot 3^2 \cdot 4^2$ c) $(-2)^3 \cdot (-2)^3$ d) $(-6)^4 : (-3)^4$
e) $3^{-2} \cdot 3^2$ f) $2^{-2} : 2^{-3}$ g) $0{,}25^2 \cdot 4^2$ h) $(-5)^2 \cdot (-5)^{-3}$
i) $(2^2)^3 \cdot 2^2$ j) $(3^2)^3 : 3^6$ k) $(0{,}5^2)^{-2} \cdot 2^3$ l) $(-2)^{-3} : (-2^{-2})^3$

INFOS

Auch Wurzeln kann man als Potenzen schreiben. Wir zeigen dies an einem Beispiel.
Nach der Definition der Quadratwurzel gilt: $(\sqrt{5})^2 = 5$.

Schreibt man nun $\sqrt{5}$ als $5^{\frac{1}{2}}$, dann erhält man im Beispiel:

$$(\sqrt{5})^2 = (5^{\frac{1}{2}})^2 = 5^{\frac{1}{2}\cdot 2} = 5^1 = 5$$

Die Festsetzung $\sqrt{5} = 5^{\frac{1}{2}}$ ist also sinnvoll.

Neue Erweiterung des Potenzbegriffs

Ersetzt man die Zahl 5 im Beispiel durch die Variable a, dann kommt man zu: $\sqrt{a} = a^{\frac{1}{2}}$.

Allgemein gilt: $\sqrt[n]{a} = a^{\frac{1}{n}}$

Durch Rückgriff auf diese Festsetzung und auf die Potenzgesetze kann man zeigen, dass die folgenden **Wurzelgesetze** gelten:

Die Wurzelgesetze

$$\sqrt[n]{a} \cdot \sqrt[n]{b} = \sqrt[n]{a \cdot b} \qquad \sqrt[n]{a} : \sqrt[n]{b} = \sqrt[n]{\frac{a}{b}} \qquad \sqrt[m]{\sqrt[n]{a}} = \sqrt[m \cdot n]{a}$$

3. Vereinfache die folgenden Wurzelausdrücke. Du darfst Wurzelgesetze anwenden. Du darfst aber auch Wurzeln als Potenzen schreiben und Potenzgesetze anwenden. Das Ergebnis soll ein einfacher Wurzelterm sein oder sogar eine Zahl.

a) $\sqrt{6} \cdot \sqrt{24}$	b) $\sqrt{100} : \sqrt{25}$	c) $\sqrt{300} : \sqrt{75}$
d) $\sqrt[3]{12} \cdot \sqrt[3]{18}$	e) $\sqrt{a} : \sqrt[3]{a}$	f) $\sqrt[3]{a} : \sqrt{a}$
g) $(\sqrt[3]{a})^6$	h) $\sqrt[3]{\sqrt[2]{a}}$	i) $\sqrt[3]{\sqrt[2]{a^6}}$
j) $\sqrt[3]{8}$	k) $\sqrt[4]{256}$	l) $\sqrt[6]{46656}$

2 Rechnen mit Potenzen

Grundlagentest

(45 Minuten)

T 1 Vereinfache die folgenden Terme.

a) $3a^3 \cdot 3a^2 \cdot 3a$ b) $0{,}5x^2 \cdot 2x^2 \cdot x^2$ c) $0{,}5a^3 \cdot 0{,}5a^3 \cdot 0{,}5a^3$

d) $\frac{24x^2}{8x}$ e) $\frac{2a^2 \cdot 3a^3 \cdot 4a^4}{12a^5}$ f) $\frac{0{,}5^2 \cdot 2x^4 \cdot 3x^5}{3x^7 \cdot x^2}$

g) $(2a^2b^3) \cdot (4ab)$ h) $(a^2b^4) \cdot (ab^2)$ i) $(a^4b^2) : (a^2b)$

T 2 Forme um.

a) $\frac{2^3 \cdot 3^4 \cdot 5^2}{6^3 \cdot 5}$ b) $\frac{2^4 \cdot 3^3 \cdot 4^2}{12^2}$ c) $\frac{(a^3)^2 \cdot a^4}{(a^2)^3}$

d) $2^{-3} \cdot 3^{-2} \cdot 36$ e) $108 \cdot 4^{-2} \cdot 2^3$ f) $8 \cdot 8 \cdot 2^{-5}$

g) $9^{\frac{1}{2}} \cdot 25^{\frac{1}{2}}$ h) $144^{\frac{1}{2}} \cdot 64^{\frac{1}{6}}$ i) $8^{\frac{1}{2}} \cdot 8^{\frac{1}{2}}$

T 3 Bestimme mithilfe des Taschenrechners den Zahlenwert von:

a) 2^{10} b) $3^5 \cdot 4^2$ c) $0{,}5^8 \cdot 1000$ d) $\sqrt{75}$

e) $\sqrt[3]{75}$ f) $\sqrt[4]{25}$ g) $\sqrt{\frac{75}{16}}$ h) $\sqrt[4]{125 \cdot 0{,}128}$

INFOS

Die Aufgaben $(3 \cdot 4)^8 + 8$, $(3 \cdot 4^2) + 8$ und $3 \cdot (4^2 + 8)$ zeigen, dass es unbedingt notwendig ist, die Reihenfolge der Rechenoperationen festzulegen. Zunächst gilt:

Was in einer Klammer steht, wird zuerst ausgerechnet.

Weiter gilt:
Potenzieren/Wurzelziehen **vor** Punktrechnung **vor** Strichrechnung. Das Potenzieren und das Wurzelziehen kann man als „Hochrechnung" bezeichnen. Dadurch vereinfacht sich unsere „Vorfahrtsregel":

Hochrechnung vor Punktrechnung vor Strichrechnung

Übungsaufgaben

Jetzt wird trainiert

4. Berechne.

a) $3 \cdot 2^3 + 2 \cdot 3^2$ b) $4^2 - 3 \cdot 2^2$ c) $(2 \cdot 3^2) \cdot 3 \cdot 3^2$

d) $(2 \cdot 3^3 + 9) \cdot 3^2$ e) $2 \cdot (3^3 + 9 \cdot 3^2)$ f) $4 + 3 \cdot \sqrt{25}$

g) $\sqrt{25} + \sqrt{16} \cdot 3$ h) $4 \cdot \sqrt{100} - \sqrt{400}$

Du erinnerst dich doch:
2a bedeutet $2 \cdot a$
ab bedeutet $a \cdot b$
2 ab bedeutet $2 \cdot a \cdot b$

5. Vereinfache die folgenden Terme.

a) $4a^4 \cdot 3a^3 \cdot 2a^2$ b) $(-3a^2) \cdot (-4a^3)$ c) $0{,}5a^3 \cdot 4a^5$

d) $(2a^2b) : (4ab^2)$ e) $(a \cdot b)^2 \cdot (a \cdot b)^3$ f) $(-2^5 \cdot a^2) : (2^4 \cdot a^2)$

g) $\frac{a^3 \cdot a^4 \cdot a^5}{a^{10}}$ h) $\frac{2a^2 \cdot 3a^3 \cdot 4a^4}{12a^{10}}$ i) $\frac{a^2 \cdot a^{10} \cdot a^2}{10a^{10}}$

j) $a^{-3} \cdot a^{-2} \cdot a^{-1}$ k) $x^2 \cdot x^{-2} \cdot x^2$ l) $2^{-3} \cdot x^{-3} \cdot x^3$

6. Schreibe den Wurzelterm als Potenz. Vereinfache so weit wie möglich.

a) $\sqrt[4]{a^8b^{12}}$ b) $\sqrt[3]{a^9b^{15}}$ c) $\sqrt{ab} \cdot \sqrt{a^2b^3}$

d) $\sqrt[3]{\frac{a^3}{b^6}}$ e) $\sqrt[3]{\frac{ab}{a^4b^7}}$ f) $\frac{\sqrt{a^4b^5}}{\sqrt{a^5b^5}}$

g) $\sqrt[n]{a^{-2n}}$ h) $\sqrt[n]{a^{3n^2}}$ i) $\sqrt[n]{a^{n+2}}$

INFOS

Treten solche Potenzen oder Wurzeln bei der Lösung von Textaufgaben auf, müssen die Resultate noch sinnvoll gerundet werden.

Zahlenwerte für Potenzen mit beliebigen Exponenten bzw. für Wurzeln des Typs $\sqrt[n]{a}$ bestimmt man in der Regel mit dem Taschenrechner, und zwar mithilfe der Taste x^y .

Beispiel: **$81{,}9^3$**
Tastenfolge: C 81.3 x^y 3 = 549353.259

Beispiel: $\sqrt[3]{81,9}$
Tastenfolge: C 81.9 x^y 3 1/x = 4.342 714 718

Für das Quadrieren und das Ziehen von Quadratwurzeln haben die meisten Taschrenrechner sogar spezielle Tasten.

7. Berechne mithilfe des Taschenrechners. Gib die Zahlenwerte auf vier Stellen nach dem Komma gerundet an.

a) $0{,}37^4$ b) $1{,}08^5$ c) $1{,}1^{10}$ d) $1{,}01^{10}$

e) $350 \cdot 1{,}04^6$ f) $400 \cdot 1{,}05^5$ g) $4{,}5 \cdot 1{,}06^4$ h) $0{,}23 \cdot 3{,}1^3$

i) $\sqrt{7}$ j) $\sqrt[3]{9}$ k) $\sqrt[4]{10}$ l) $\sqrt[5]{20}$

3 Zehnerpotenzen

Grundlagentest

(45 Minuten)

T 1 Schreibe als natürliche Zahl bzw. als Dezimalbruch (also ohne Potenzen) und lies diese Zahl.

a) 10^6 b) 10^{10} c) 10^{-2} d) 10^{-5}
e) $1{,}3 \cdot 10^3$ f) $0{,}9 \cdot 10^6$ g) $1{,}2 \cdot 10^{-3}$ h) $0{,}01 \cdot 10^{-6}$

T 2 Schreibe mit der Einheit km.

a) 10^8 cm b) $0{,}78 \cdot 10^5$ m c) $3{,}4 \cdot 10^3$ m d) $0{,}003 \cdot 10^6$ m

T 3 Schreibe mit der Einheit m.

a) $5 \cdot 10^3$ km b) $0{,}04 \cdot 10^{-1}$ km c) $0{,}1 \cdot 10^4$ cm d) $3{,}5 \cdot 10^6$ cm
e) $3{,}1 \cdot 10^{-3}$ km + $6{,}7 \cdot 10^{-3}$ km f) $0{,}9 \cdot 10^{-3}$ km − $37{,}6 \cdot 10^{-6}$ km

T 4 Notiere in der nächst kleineren Einheit.

a) $0{,}7 \cdot 10^6$ kW b) $1{,}3 \cdot 10^3$ MW c) $0{,}03 \cdot 10^2$ GW
d) $1{,}4 \cdot 10^4$ kg e) $0{,}08 \cdot 10^3$ Mg f) $23{,}0 \cdot 10^3$ g

Zehnerpotenzen haben große praktische Bedeutung.

1. Zahlen werden in der Regel im Zehnersystem dargestellt. Die Stufenzahlen dieses Systems lassen sich als Zehnerpotenzen schreiben. Wir zeigen dies an der folgenden **Stellenwerttafel des Zehnersystems**.

...	M	HT	ZT	T	H	Z	E	z	h	t	zt	ht	m	...
...	10^6	10^5	10^4	10^3	10^2	10^1	10^0	10^{-1}	10^{-2}	10^{-3}	10^{-4}	10^{-5}	10^{-6}	...
	3	6	9	0	0	0	0							
							0	0	0	0	3	6	9	

Die ausgewählten Zahlen kann man auch so schreiben:
a) $3\,690\,000 = 3{,}69 \cdot 10^6$ b) $0{,}000369 = 0{,}369 \cdot 10^{-3} = 3{,}69 \cdot 10^{-4}$

2. Physikalische Größen bestehen aus einem Zahlenwert und einer Einheit. Da die Messbereiche sehr schwanken, braucht man unterschiedliche Einheiten.
Aus den Basiseinheiten und den aus ihnen abgeleiteten Einheiten bildet man mithilfe von **Vorsätzen** neue Einheiten. Diese Vorsätze sind Zehnerpotenzen. Wir zeigen dies am Beispiel der Längenmaße.

...	10^6m	10^3m	10^2m	10^1m	1 m	10^{-1}m	10^{-2}m	10^{-3}m	10^{-6}m	10^{-9}m ...
	1 Mm	1 km	1 hm	1 dam	1 m	1 dm	1 cm	1 mm	1 µm	1 nm

INFOS
Was man wissen sollte:

1 kW (1 Kilowatt)
= 10^3 Watt
1 MW (1 Megawatt)
= 10^6 Watt
1 GW (1 Gigawatt)
= 10^9 Watt

Wichtige Vorsätze und Vorsatzzeichen (Auswahl):

Faktor	Vorsatz	Vorsatz-Zeichen
10^1	Deka	da
10^2	Hekto	h
10^3	Kilo	k
10^6	Mega	M
10^9	Giga	G
10^{12}	Tera	T
10^{-1}	Dezi	d
10^{-2}	Centi	c
10^{-3}	Milli	m
10^{-6}	Mikro	µ
10^{-9}	Nano	n
10^{-12}	Pico	p

Übungsaufgaben

Jetzt wird trainiert

Beispiel:
$0{,}0076 = 7{,}6 \cdot 10^{-3}$

8. Schreibe mithilfe von Zehnerpotenzen.
a) 72 000 000 b) 123 000 000 c) 2 345 000 000 d) 999 000
e) 0,000009 f) 0,0000009 g) 0,0000246 h) 0,000000078

9. Schreibe als natürliche Zahlen bzw. als Dezimalbrüche.
a) $6{,}37 \cdot 10^9$ b) $0{,}45 \cdot 10^9$ c) $4{,}6 \cdot 10^{12}$ d) $0{,}55 \cdot 10^6$
e) $3{,}5 \cdot 10^{-6}$ f) $0{,}5 \cdot 10^{-3}$ g) $0{,}95 \cdot 10^{-6}$ h) $30 \cdot 10^{-9}$

10. Schreibe die folgenden Zahlen mithilfe von Zehnerpotenzen, sodass der Zahlenfaktor jeweils eine Stelle vor dem Komma hat.
a) 0,0012 b) 0,0123 c) 0,000034
d) 0,0000045 e) 0,00072 f) 0,000000081
g) 21 000 000 h) 590 000 000 i) 6 700 000 000 000

11. Schreibe in der nächst kleineren Einheit:
a) 10,705 kg b) 0,347 mm c) 0,054 hl
d) $28 \cdot 10^{-3}$ mm e) $4{,}5 \cdot 10^{-3}$ µm f) $0{,}8 \cdot 10^{-3}$ cm

12. Schreibe in der nächst größeren Einheit:
a) 31 800 V b) 1013 hPa c) 2016 mA
d) 11 559 ha e) 2 677 000 kg f) 230 000 kWh
g) 21 023 Mrd. kg h) $3{,}9 \cdot 10^9$ MWh i) $14\,490 \cdot 10^{21}$ MJ

4 Aufgaben zur Leistungsüberprüfung

Musteraufgabe

Umweltprobleme*)

Um den von Menschen verstärkten Treibhauseffekt abzuschwächen, ist es dringend notwendig, die energiebedingten CO_2-Emissionen zu verringern. Die folgende Tabelle zeigt auf, welch hohen Anteil einzelne Industrieländer an diesen Emissionen haben.

Tab.: Energiebedingte CO_2-Emissionen in einigen ausgewählten Staaten/Kontinenten im Jahre 1995

	Bevölkerungsstand	CO_2-Emissionen
Deutschland	81,9 Mio. Einw.	$884 \cdot 10^6$ t
Frankreich	58,4 Mio. Einw.	$362 \cdot 10^6$ t
USA	262,8 Mio. Einw.	$5229 \cdot 10^6$ t
Afrika	693,0 Mio. Einw.	$693 \cdot 10^6$ t
Lateinamerika	384,3 Mio. Einw.	$807 \cdot 10^6$ t
Welt	**5567,4 Mio. Einw.**	**$21\,713 \cdot 10^6$ t**

a) Formuliere drei bemerkenswerte Tatsachen, die dir bei einer ersten Durchsicht der Tabelle sofort auffallen.

*) Die in den folgenden Aufgaben auftretenden Daten stammen aus der Broschüre „Umweltdaten Deutschland 1998" (Herausgeber: UBA/StatBA).

b) Berechne den jeweiligen prozentualen Anteil, den die CO_2-Emissionen der Staaten/Kontinente 1995 an den weltweiten CO_2-Emissionen hatten.
c) Berechne die CO_2-Emissionen in Tonnen pro Einwohner.

Lösung:

Strategie: Daten hinterfragen, dabei den Aufbau der Tabelle berücksichtigen.
Im Beispiel findest du eine Tabelle mit drei Spalten und einer abgesetzen hervorgehobenen Zeile. Daher ist es sinnvoll, zunächst Datenvergleiche innerhalb der Spalten und danach Vergleiche der Länderdaten mit den Weltdaten durchzuführen.

a) Es wurden drei Industrieländer und zwei Kontinente (vorwiegend mit Entwicklungsländern) ausgewählt. Deutschland emittiert mehr CO_2 als ganz Lateinamerika. Die CO_2-Emissionen der USA sind enorm groß. Die CO_2-Emissionen der drei genannten Industrieländer machen allein rund 30% der gesamten Weltemissionen aus. Dabei leben in diesen drei Staaten noch nicht einmal 10% der Weltbevölkerung.
b) Du musst ausrechnen, wie viel Prozent 884 000 000 t von 21 713 000 000 t sind, usw. (Antworten in der folgenden Tabelle)
c) Die erste Rechnung lautet: 884 000 000 t : 81 900 000 Einw.

Antworten:

Deutschland	b) 4,1 % d. Weltem.	c) 10,8 t / Einw.
Frankreich	1,7 % d. Weltem.	6,2 t / Einw.
USA	24,1 % d. Weltem.	19,9 t / Einw.
Afrika	3,2 % d. Weltem.	1,0 t / Einw.
Lateinamerika	3,7 % d. Weltem.	2,1 t / Einw.

13. Im Jahre 1995 betrug der Wasserverbrauch der privaten Haushalte in Deutschland 132 Liter pro Einwohner und Tag.
a) Welche Wassermenge verbrauchten die Deutschen in diesem Jahr allein in den Haushalten?
b) Die Wärmekraftwerke für die öffentliche Versorgung gebrauchten 1995 insgesamt 27,8 Mrd. m^3 Wasser, davon 99,8 % allein für Kühlwasser. Vergleiche diese Menge mit deiner Antwort im Aufgabenteil a).
c) Eigentlich kann man diese Wassermengen gar nicht vergleichen. Warum?

14. Der Primärenergieverbrauch betrug in Deutschland im Jahre 1997 insgesamt 14 490 PJ (1 PJ = 1 PetaJoule = 10^{15} Joule).
a) Rechne diese Größe in kWh um. (1 J = $2{,}778 \cdot 10^{-7}$ kWh)
b) Wie hoch ist der Verbrauch von Primärenergie pro Kopf der Bevölkerung? (Bevölkerungsstand in Deutschland im Jahre 1997 = 82 057 000 Einwohner)

D Wachstumsprozesse

INFOS

Was du können musst:

1. Wissen, wie Wachstums- und Abnahmeprozesse erklärt sind. Durch Wertetabellen gegebene Beispiele auf Gesetzmäßigkeiten bei den Zuwächsen bzw. Differenzen aufeinander folgender Größen untersuchen. Die zugehörigen Graphen im Achsenkreuz zeichnen.

2. Die Zuwachs- bzw. Abnahmekriterien für lineare, quadratische und exponentielle Prozesse kennen. In Beispielen diese Wachstums- bzw. Abnahmetypen erkennen und von den sonstigen Änderungsprozessen unterscheiden. Wachstums- und Abnahmeprozesse als Funktionen auffassen (ggf. in Abhängigkeit von der Zeit).
Funktionsgleichungen für lineare oder exponentielle Prozesse angeben. Bei gegebenen Funktionsgleichungen Wertetabellen anlegen und Graphen im Achsenkreuz zeichnen.

3. Bei konkreten Wachstums- oder Abnahmevorgängen in wirtschaftlichen, ökologischen, naturwissenschaftlichen oder gesellschaftlichen Problemstellungen prüfen, ob sie mit dem Modell „Exponentielles Wachstum“ bzw. „Exponentielle Abnahme“ hinreichend genau beschrieben werden. Entwicklungstendenzen herausarbeiten, Prognosewerte ermitteln, ggf. auch den Gültigkeitsbereich für den angenommenen exponentiellen Prozess einschränken. Abweichungen von Modellwerten kommentieren.

1 Wertetabellen und Graphen

Grundlagentest

(45 Minuten)

Untersuche die folgenden in Wertetabellen festgehaltenen Prozesse. Liegen Wachstumsprozesse vor? Setze die Wertetabellen um zwei Größenpaare fort. Zeichne die zu den Tabellen 1 bis 4 gehörenden Graphen (in jeweils ein neues Achsenkreuz).

T 1

t	s
0	0
1	5
2	20
3	45

T 2

t	b
0	2000
1	3000
2	4500
3	6750

T 3

x	y
0	3
1	5
2	7
3	9

T 4

t	s
0	0
1	60
2	100
3	100

T 5

t	b
0	10 000
1	8000
2	6400
3	5120

T 6 Stelle den in der 5. Wertetabelle beschriebenen Vorgang im Intervall [0;10] grafisch dar. Wähle dazu auf der Hochachse 1 cm als Einheit für b = 1000. Lies ab: Auf welchen Wert ist der Bestand b zum Zeitpunkt t = 10 gefallen?

1. Eine Arbeitsgruppe legt eine Bakterienkultur an. Zu Beginn des Versuchs werden $b_0 = 100$ Bakterien gezählt. Danach wird von Stunde zu Stunde die Anzahl der Bakterien festgestellt und in der folgenden Wertetabelle festgehalten.

a) Stelle dieses Wachstum grafisch dar. Wähle auf der Hochachse 1 cm als Einheit für 10 000 Bakterien.

Zeit nach Beginn t (in Std.)	Anzahl der Bakterien b_t
0	100
1	200
2	400
3	800
4	1600
5	3200
6	6400
7	12 800
8	22 400
9	33 600
10	42 000

b) Bestimme die Zuwächse $b_1 - b_0$; $b_2 - b_1$; $b_3 - b_2$ usw. bis $b_{10} - b_9$. Trage sie in eine Tabelle ein.
Welche Gesetzmäßigkeit erkennst du bei den Zuwächsen?

c) Soeben hast du entdeckt, dass im Intervall [0;7] ein exponentielles Wachstum vorliegt. Für das Wachstum der Kultur gilt bis zum Zeitpunkt $t = 7$ eine Funktionsgleichung der Form $b_t = b_0 \cdot q^t$, weil auch die Bestände selbst exponentiell wachsen. Zeige dies.
Bestimme die Parameter und schreibe die Gleichung auf.

Übungsaufgaben

Jetzt wird trainiert

Die meisten der in der Praxis auftretenden Wachstums- bzw. Abnahmeprozesse sind zeitabhängig. Deshalb beginnen wir auch mit einem solchen Beispiel.

Liegt für eine Zuordnung zwischen zwei Größenbereichen eine Wertetabelle vor und steigen die Größen des Vorbereichs stets um den gleichen Betrag, dann kann man die Eigenschaften dieser Zuordnung besonders gut untersuchen.
Nehmen z. B. die **Zuwächse** (= Differenzen zweier aufeinander folgender abhängiger Größen in der rechten Spalte) **stets um den gleichen Prozentsatz** zu, dann liegt ein **exponentielles** Wachstum vor. Dies kann in der Praxis ggf. nur für einen bestimmten Bereich der Zuordnung gelten, wie im Beispiel oben. Wächst darüber hinaus der **Bestand** selbst in gleich langen Zeitspannen um jeweils einen gleich bleibenden Prozentsatz, dann liegt ein **einfaches exponentielles Wachstum** mit der Gleichung $\mathbf{b_t = b_0 \cdot q^t}$ vor.

Weitergehende Lösungshilfen findest du auf der nächsten Seite!

INFOS

Einfaches exponentielles zeitabhängiges **Wachstum**

$\mathbf{b_t = b_0 \cdot q^t}$
mit $q > 1$

Bis $b_7 = 12\,800$ gleichbleibend

$q = 2$,

danach nimmt q ab.

Lösungshilfen für Aufgabe 1:

b) Wie du die Zuwächse bestimmst:

$z_1 = b_1 - b_0 = 200 - 100 = 100$
$z_2 = b_2 - b_1 = 400 - 200 = 200$
$z_3 = b_3 - b_2 = 800 - 400 = 400$
...
$z_7 = b_7 - b_6 = 12\,800 - 6400 = 6400$
$z_8 = b_8 - b_7 = 22\,400 - 12\,800 = 9600$
$z_9 = b_9 - b_8 = 33\,600 - 22\,400 = 11\,200$
$z_{10} = b_{10} - b_9 = 42\,000 - 33\,600 = 8400$

Aufschreiben sollst du nur die Tabelle rechts.

Tabelle der Zuwächse		
z_1	100	
z_2	200	· 2
z_3	400	· 2
z_4	800	· 2
z_5	1600	· 2
z_6	3200	· 2
z_7	6400	· 2
z_8	9600	· 1,5
z_9	11200	· 1,17
z_{10}	8400	· 0,75

Der nachfolgende Zuwachs ist immer das Doppelte des vorangegangenen Zuwachses. Dies gilt aber nur bis zum 7. Zuwachs. Die Pfeile rechts zeigen, wie man durch fortlaufende Multiplikation die Zuwächse erhalten kann. Eine solche Darstellung ist sehr übersichtlich und bringt die Sache auf den Punkt.

c) Soeben wurde gezeigt, dass die Bakterienkultur sieben Stunden lang exponentiell wuchs, weil der Zuwachs konstant 100% pro Stunde betrug. Danach wird der Zuwachs geringer. Denk mal darüber nach, woran das liegen könnte.
Ein Blick in die ursprüngliche Tabelle auf Seite 45 zeigt, dass auch die Bakterienbestände selbst in den ersten sieben Stunden von Stunde zu Stunde auf das Doppelte anwuchsen.

Jetzt wird trainiert

Es gilt im Beispiel: $b_0 = 100$ (Anfangsbestand an Bakterien)
$b_t = 100 \cdot 2 \cdot 2 \cdots 2 = 100 \cdot 2^t \ (t \leq 7)$
$q = 2$ (Wachstumsfaktor)

Übrigens:

Bei **exponentiellen Abnahmeprozessen** nehmen die Differenzen zweier aufeinander folgender Größen immer um den gleichen Prozentsatz ab. Für den Abnahmefaktor gilt: $0 < q < 1$ und: q = konstant.

2. Entscheide, in welcher der folgenden Tabellen exponentielles Wachstum bzw. exponentielle Abnahme beschrieben ist.

a)

t	A
2000	100,00
2001	140,00
2002	196,00
2003	274,40
2004	384,16

b)

x	y
0	400,00
1	320,00
2	256,00
3	204,80
4	163,84

c)

t	b
2000	$6{,}000 \cdot 10^9$
2001	$6{,}120 \cdot 10^9$
2002	$6{,}242 \cdot 10^9$
2003	$6{,}361 \cdot 10^9$
2004	$6{,}482 \cdot 10^9$

d)

x	y
0	2,0000
1	2,1000
2	2,2100
3	2,3310
4	2,4641
5	2,6105

e)

t	L
2000	16,00
2001	16,32
2002	17,14
2003	17,82
2004	18,36
2005	19,27

f)

x	y
0	400,00
1	350,00
2	305,00
3	264,50
4	228,05
5	195,25

Lösungshilfen für Aufgabe 2:

Verfahre genau so wie in Aufgabe 1: Lege Tabellen mit den Zuwächsen bzw. Differenzen zwischen aufeinander folgenden Größen an. Rechne dann fortlaufend die Wachstums- bzw. Abnahmefaktoren q aus, die jeweils die vorangehende in die nachfolgende Größe überführen. Notiere diese Faktoren an den Übergangspfeilen.

Ergebnisse in Aufgabe 2:

a) Wachstumsfaktor q gleichbleibend 1,4 ⇒ exponentielles Wachstum
b) Abnahmefaktor q gleichbleibend 0,8 ⇒ exponentielle Abnahme
c) Wachstumsfaktor um 1 schwankend ⇒ angenähert ein lineares Wachstum
d) Wachstumsfaktor q gleichbleibend 1,1 ⇒ exponentielles Wachstum
e) Wachstumsfaktor q stark schwankend ⇒ sonstiges Wachstum
f) Abnahmefaktor q gleichbleibend 0,9 ⇒ exponentielle Abnahme

Du siehst:
Es gibt sehr unterschiedliche Wachstums- bzw. Abnahmearten.

Beispiele für verschiedene Wachstumsarten

Lineares Wachstum	**Quadratisches Wachstum**	**Exponentielles Wachstum**

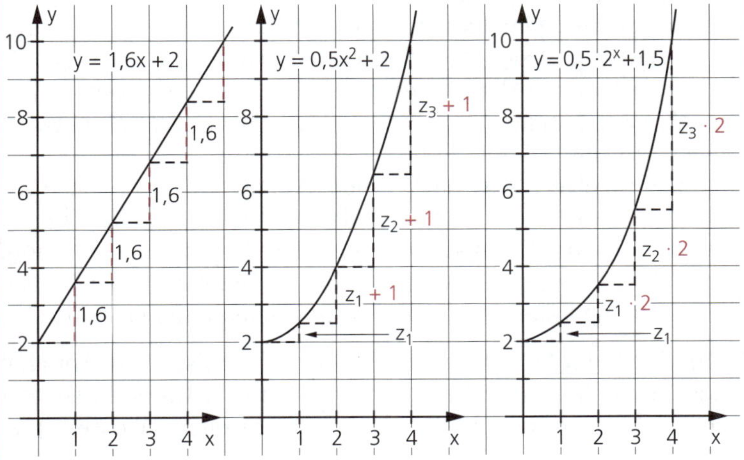

Wachstumskurve:

Gerade	*Parabel*	*Exponentialkurve*

Zuwachs (= Differenz aufeinander folgender y-Werte):
An den Graphen siehst du: Der Zuwachs im nachfolgenden Steigungsdreieck

bleibt gleich	*nimmt um einen festen Betrag zu*	*nimmt um einen festen Prozentsatz zu*

INFOS

Über diese INFOS solltest du intensiv nachdenken!

Die bisher untersuchten Veränderungsprozesse kann man auch als Funktionen auffassen: Jedem Wert der ersten Spalte (des Definitionsbereichs) ist ja genau ein Wert der zweiten Spalte (des Wertebereichs) zugeordnet.

In dieser Übersicht wählen wir bewusst die Variablen x und y, weil diese bei der Untersuchung von Funktionen im Unterricht bevorzugt werden.

Jetzt wird trainiert

Lösungshilfe:
Lege als erstes wieder eine Tabelle mit den Zuwächsen bzw. Abnahmen zwischen aufeinander folgenden Funktionswerten an.

Beispiel 3 a):

$y_1 - y_0$	− 1
$y_2 - y_1$	− 1
$y_3 - y_2$	− 1
$y_4 - y_3$	− 1

Die Gesetzmäßigkeit ist bereits erkannt:
Lineare Abnahme

3. Welche Wachstums- bzw. Abnahmeeigenschaften erkennst du in den folgenden Wertetabellen? Begründe deine Antworten!
Setze die Tabellen sinngemäß bis zum Zahlenpaar (10 | y) fort und zeichne die zugehörigen Graphen in je ein Achsenkreuz.

a)

x	y
0	5
1	4
2	3
3	2
4	1

b)

x	y
0	1
1	2
2	5
3	10
4	17

c)

x	y
0	2
1	3
2	5
3	9
4	17

d)

x	y
0	1
1	2
2	3,5
3	5,75
4	9,125

e)

x	y
0	10
1	7
2	5
3	3
4	2

f)

x	y
0	2
1	4,5
2	7
3	9,5
4	12

g)

x	y
0	1,1
1	1,2
2	1,4
3	1,8
4	2,6

h)

x	y
0	1
1	2
2	4
3	7
4	11

Bei mindestens einem Beispiel werden unlösbare Probleme auftauchen. Warum?

Lösungshilfe:
Lege Wertetabellen mit den Monatsnamen und den durchschnittlichen Weitsprungleistungen in diesen Monaten an.

4. Isabel beginnt Anfang April mit dem Weitsprungtraining. Ihre Anfangsleistung liegt im Durchschnitt bei 4,50 m.
(1): Sie steigert sich von Monat zu Monat um 10 cm.
(2): Nach einem Monat verbessern sich ihre Leistungen um 2 cm, nach zwei Monaten um weitere 6 cm, nach drei Monaten um weitere 10 cm, …
(3): Sie steigert sich nach einem Monat um 2 cm, nach zwei Monaten um weitere 4 cm, nach drei Monaten um weitere 8 cm, …
a) Welche Wachstumsarten liegen den drei Fällen zu Grunde?
b) Welche Leistungen würde Isabel im Oktober nach 6 Monaten Training unter den verschiedenen Annahmen erreichen?

5. Ihre Freundin Annette erzählt am Ende der Saison: „Im April habe ich im Durchschnitt 4,40 m gesprungen, im Mai waren es 4,41 m, im Juni 4,44 m, im Juli 4,53 m. Und so ging es weiter.“ Wie weit sprang Annette im Oktober? Glaubst du das?

Übrigens: Wenn in dieser Lernhilfe exponentielles Wachstum bzw. exponentielle Abnahme auftreten, dann haben wir eine Exponentialfunktion mit einer Gleichung der Form $y = a \cdot q^x + d$ mit $\mathbf{a > 0}$, oft sogar den Sonderfall $y = a \cdot q^x$ zu Grunde gelegt.
Für q gilt: $q > 0$ und $q \neq 1$.

2 Verschiedene Wachstumsfunktionen

Grundlagentest

(30 Minuten)

In den Tabellen sind unterschiedliche Wachstumsvorgänge dargestellt. Finde heraus, in welchem Beispiel exponentielles Wachstum, in welchem Beispiel lineares Wachstum, in welchem Beispiel quadratisches Wachstum und in welchem Beispiel ein sonstiges Wachstum vorliegt.

T1

x	y
0	-8
1	-6
2	-4
3	-2
4	0
5	2

T2

x	y
2	4
3	6
4	7
5	8
6	10
7	10,5

T3

x	y
0	2
1	4
2	8
3	16
4	32
5	64

T4

x	y
1	0,5
2	2
3	4,5
4	8
5	12,5
6	18

a) Begründe deine Antworten zunächst mit Gesetzmäßigkeiten, die du in den einzelnen Tabellen erkannt hast.

b) Zeichne die Graphen der vier Funktionen in den ausgewählten Intervallen. Prüfe danach, ob deine Antworten in a) richtig waren.

c) Bestimme die zu den Wertetabellen 1 und 3 gehörenden Funktionsgleichungen.

INFOS

Wachstum und Abnahme

Sind die Differenzen zwischen zwei aufeinander folgenden Größen des Wertebereichs (also $y_{n+1} - y_n$ oder $a_{n+1} - a_n$ oder $b_{t+1} - b_t$) in einem konkreten Beispiel stets **positiv**, dann liegt eine **Wachstumsfunktion** vor.

Sind diese Differenzen im gesamten Wertebereich stets **negativ**, dann liegt eine Funktion vor, die einen **Abnahmeprozess** beschreibt. Man kann in diesem Fall auch von „negativen Zuwächsen" sprechen.

Dir bekannte Wachstumsfunktionen mit ihren Funktionsgleichungen:

	Allgemeiner Fall	Sonderfall
Lineares Wachstum	$y = m \cdot x + b$	$y = m \cdot x$
Quadratisches Wachstum	$y = a \cdot x^2 + b$	$y = a \cdot x^2$
Exponentielles Wachstum	$y = a \cdot q^x + d$	$y = a \cdot q^x$

Bei der Verwendung von Exponentialfunktionen zur Beschreibung von Wachstumsprozessen gelten für die Parameter a und q nur positive Werte.

Die entsprechenden **Abnahmefunktionen** werden mit den gleichen Gleichungen beschrieben. In den Fällen (1) und (2) besitzen dann m bzw. a negative Werte. Im Fall (3) gilt für q dann: $0 < q < 1$.

Zeitabhängiges Wachstum
Bei zeitabhängigen Veränderungen wird die Variable **x durch t** und die Variable **y durch die passende zugeordnete Größe** ersetzt, z. B. bei Veränderungen von Beständen durch b_t, bei Weg-Zeit-Gesetzen durch s_t usw.

Übungsaufgaben

Jetzt wird trainiert
Erinnerst du dich an die Geschichte vom **Steigungsdreieck?**

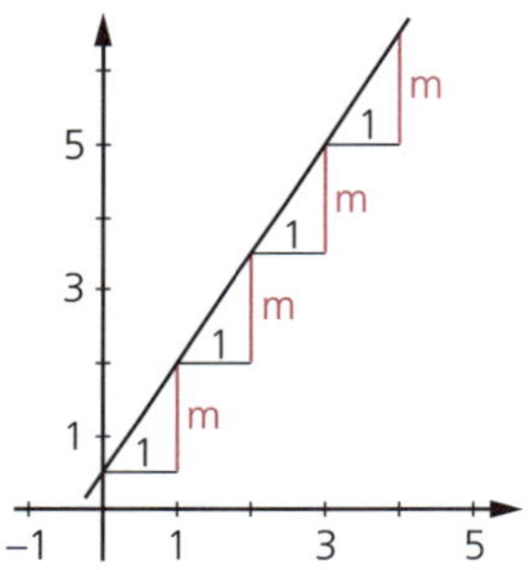

Wie heißt die Gleichung der zugehörigen Funktion?

Beispiele für lineares Wachstum

6. $y = 2{,}5 \cdot x - 1{,}5$ **7.** $y = -0{,}5 \cdot x + 8{,}5$ **8.** $y = 0{,}75 \cdot x$

a) Lege Wertetabellen im Intervall [0;8] an und zeichne die drei Geraden in ein Achsenkreuz.
b) Zeige an diesen Beispielen: Die Zuwächse zwischen aufeinander folgenden y-Werten haben bei einer linearen Funktion immer den gleichen Wert.
c) Man kann auch beweisen, dass dies so sein muss.
Anleitung: Bilde die Differenz von $y(x+1) = m \cdot (x+1) + b$ *und* $y(x) = m \cdot x + b$.

Die Zuwächse zwischen zwei aufeinander folgenden y-Werten sind bei einer linearen Funktion durch den Parameter m gegeben.
Der Parameter b gibt den Abschnitt auf der Hochachse an.

d) Erläutere dazu das Bild auf dem Rand.
e) Die Gleichung in Nr. 8 beschreibt eine proportionale Zuordnung.
Welche Gesetzmäßigkeiten gelten in dieser Zuordnung?

Beispiele für quadratisches Wachstum

9. $y = 0{,}1 \cdot x^2$ **10.** $y = -0{,}2 \cdot x^2 + 10$ **11.** $s_t = 4{,}905 \cdot t^2$

a) Lege für die Beispiele 9 und 10 Wertetabellen im Intervall [0;6] an und zeichne die beiden Parabelabschnitte in ein Achsenkreuz.
b) In Nr. 11 ist das *Weg-Zeit-Gesetz* des freien Falls (in der Nähe der Erdoberfläche) gegeben. Lege eine Wertetabelle für die t-Werte von 0 bis 10 an und stelle die Funktion im Achsenkreuz dar. Beachte: t wird hier in Sekunden und s in Metern gemessen.

Bei quadratischem Wachstum gilt: Die Zuwächse zwischen zwei aufeinander folgenden y-Werten wachsen ihrerseits um einen festen Betrag, nämlich um $2 \cdot a$.

c) Zeige dies mithilfe der Beispiele.

Beispiele für exponentielles Wachstum

Jetzt wird trainiert

12. $y = 0{,}1 \cdot 2^x + 1$ **13.** $y = 5 \cdot 0{,}5^x + 5$ **14.** $K_n = 100\,€ \cdot 1{,}05^n$

a) Lege für die Beispiele 12 und 13 Wertetabellen im Intervall [0;8] an und zeichne die Graphen der beiden Exponentialfunktionen in ein Achsenkreuz.

b) Beispiel 13 stammt aus der *Zinseszinsrechnung* und gibt an, auf wie viele € ein Anfangskapital von 100 € in n Jahren bei p = 5 % Zinsen pro Jahr samt Zinseszinsen gestiegen ist. Lege eine Wertetabelle für 15 Jahre an. Nach wie vielen Jahren hat sich das Anfangskapital verdoppelt?

Bei exponentiellem Wachstum gilt: Aufeinander folgende Zuwächse sind stets quotientengleich, nämlich gleich q. Mit anderen Worten: Nimmt man den vorangehenden Zuwachs mit q mal, erhält man den nächsten Zuwachs:
$z_2 = z_1 \cdot q$; $z_3 = z_2 \cdot q$ usw.

c) Zeige dies an den drei Beispielen.

Verschiedene Funktionstypen

15. $y = 5 \cdot 0{,}8^x$ **16.** $y = 5 \cdot 0{,}8^x + 2$ **17.** $y = -\,0{,}8x + 10$

a) Lege Wertetabellen an. Wähle als x-Werte: 0, 1, 2, 3, …, 10.

b) Zeichne die Graphen dieser Funktionen im Intervall [0;10] in je ein Achsenkreuz.

c) Dies sind zwei Beispiele für exponentielles Abnehmen und ein Beispiel für eine lineare Abnahme. Erläutere, woran man den Funktionstyp schon beim Lesen der Gleichung erkennen kann.

18. Welche der folgenden Funktionsgleichungen beschreiben ein Wachstum, welche eine Abnahme (ein negatives Wachstum)?

a) $y = 2{,}5 \cdot x - 1{,}5$ b) $y = 0{,}4 \cdot x^2 + 1$ c) $y = 0{,}1 \cdot 2^x + 0{,}9$
d) $y = -\,0{,}5 \cdot x + 8{,}5$ e) $y = 4 \cdot 0{,}5^x + 6$ f) $y = -\,0{,}2 \cdot x^2 + 10$

19. Antonio und Klaus spielen „Funktionen raten".

a) Antonio sagt: „Ich habe mir eine Abnahmefunktion ausgedacht. Ihr Graph fällt stetig, geht durch die Punkte (0|8) und (1|4), nähert sich der x-Achse, schneidet sie aber nicht." Antwortet Klaus: „Das kann doch nur eine einfache Exponentialfunktion mit a = … und q = … sein." Vollende diese Antwort und begründe sie.

b) Nun ist Klaus an der Reihe. Er sagt zu Antonio: „Nun spiegele mal den Graphen deiner Funktion an der y-Achse. Was entsteht dabei?" Untersuche diesen Fall.

3 Aufgaben zur Leistungsüberprüfung: Konkrete Wachstumsprozesse

INFOS

Unterscheide bei konkreten Wachstumsprozessen drei Möglichkeiten:

1. Fall: Das Wachstum (mit positivem Zuwachs) bzw. die Abnahme (mit negativem Zuwachs) vollzieht sich nach bekannten mathematischen Gesetzmäßigkeiten. Wachstum bzw. Abnahme lassen sich mit einer Gleichung beschreiben.

2. Fall: Es liegt eine Datensammlung (eine Wertetabelle) oder eine grafische Darstellung vor. Der Wachstumstyp und eine passende Funktionsgleichung soll bestimmt werden. Unter Umständen muss man sich mit einer Näherungslösung zufrieden geben.

3. Fall: Der Veränderungsprozess scheint nicht nach mathematischen Gesetzmäßigkeiten zu verlaufen. Jetzt hilft eine Zeitreihenanalyse weiter.

1. Fall: Zinseszinsen

Musteraufgabe

Kerstin und Klaus-Peter sind glücklich und dankbar über die Geburt ihrer Tochter Jennifer. Sie wollen gut für das Kind vorsorgen und legen Ende 2000 (Wertstellung 30. Dezember 2000) bei ihrer Bank einen Betrag von 10 000 € auf einem Sonderkonto an. Es wird ein Zinssatz von 6% vereinbart. Die jährlich zufließenden Zinsen sollen dem Konto gutgeschrieben und mit dem gleichen Zinssatz verzinst werden. Das Konto ist 20 Jahre lang gesperrt. Danach kann Jennifer frei darüber verfügen.

a) Zeige, dass man das Ende 2001 insgesamt vorhandene Kapital K_1 am einfachsten so berechnet: $K_1 = 10\,000\,€ \cdot 1{,}06 = 10\,600\,€$

b) Berechne nun die Guthaben auf Jennifers Sonderkonto am Ende des 2., 3., 4., …, 10. Jahres und trage die Resultate in die folgende Tabelle ein.

Zeitpunkt	Kapital
Ende 2000	10 000,00 €
Ende 2001	10 600,00 €
Ende 2002	11 236,00 €
Ende 2003	…
…	…

c) Jennifers Kapital auf dem Sonderkonto wächst exponentiell. Warum? Welche Gleichung beschreibt dieses Wachstum? Nenne das Kapital am Ende des n-ten Jahres K_n.

d) Nenne das Anfangskapital K_0 und den Wachstumsfaktor q. Schreibe die allgemeine Zinseszinsformel auf.
e) Wie hoch ist Jennifers Guthaben auf dem Sonderkonto Ende 2020 (also nach 20 Jahren)?

Lösung:

Strategie: Vorgang als Wachstumsprozess auffassen und mit Wachstumsfaktoren arbeiten.

a) Das Guthaben wächst (laut Text) um 6%. Also kann man den Wachstumsfaktor (Prozentfaktor) 1,06 anwenden.

b)

Zeitpunkt	Kapital	
Ende 2000	10 000,00 €	
Ende 2001	10 600,00 €	· 1,06
Ende 2002	11 236,00 €	· 1,06
Ende 2003	11 910,00 €	· 1,06
Ende 2004	12 624,77 €	· 1,06
Ende 2005	13 382,26 €	· 1,06
Ende 2006	14 185,19 €	· 1,06
Ende 2007	15 036,30 €	· 1,06
Ende 2008	15 938,48 €	· 1,06
Ende 2009	16 894,79 €	· 1,06
Ende 2010	17 908,48 €	· 1,06

c) Das Kapital wächst exponentiell, weil von Jahr zu Jahr der gleiche Wachstumsfaktor 1,06 angewendet wird.
Es gilt:
$K_n = 10\,000{,}00\,€ \cdot 1{,}06^n$
(n = Anzahl der Jahre)

d) Zinseszinsformel:
$K_n = K_0 \cdot q^n$

e) $K_{20} = 10\,000{,}00\,€ \cdot 1{,}06^{20}$
$= 32\,071{,}35\,€$

Jetzt wird trainiert

20. Auf welches Endkapital K_n wächst ein Kapital K_0 bei jährlicher Verzinsung mit p% in n Jahren mit Zinseszinsen an?
a) 5 000 € zu 6,5% in 12 Jahren c) 12 500 € zu 5,5% in 3 Jahren
b) 8 000 € zu 7,0% in 10 Jahren d) 25 000 € zu 7,5% in 5 Jahren

21. Was bringt samt Zinseszinsen nach 10 Jahren mehr:
5000 € zu 8% oder 8000 € zu 5% ?

22. Ende 2000 wird eine Stiftung gegründet. Eingezahlt wird ein einmaliger Betrag von 1 000 000 €. Dieses Kapital steht bis Ende 2008 auf Zinseszinsen (p = 6,75%). Danach sollen die jährlich anfallenden Zinsen als Stipendien an fünf Studentinnen ausgezahlt werden. Wie viele € erhält jede Stipendiatin jährlich?

23. Welches Anfangskapital K_0 wächst mit Zinseszinsen bei p = 5,5% in 12 Jahren auf 10 000 € an?

24. In wie vielen Jahren verdoppelt (verdreifacht) sich ein Kapital bei 7,25% Zinseszinsen?

1. Fall

Musteraufgabe

Um die Strahlenbelastung von Patienten bei Röntgenuntersuchungen möglichst gering zu halten, werden die Körperteile, die nicht durchstrahlt werden sollen, z. B. mit Bleischürzen abgeschirmt.
Blei schwächt nämlich von allen Materialien die Intensität von Röntgenstrahlen am meisten ab.
Aus Messungen weiß man, dass die Intensität I (1) einer Röntgenstrahlung nach dem Durchdringen einer 1 mm dicken Bleiplatte nur noch 95% der vorher vorhandenen Intensität I_0 beträgt.
Wird eine weitere Bleischicht von 1 mm Dicke durchdrungen, beträgt die Intensität I (2) nur noch 95% von I (1) usw.

a) Lege eine zweispaltige Tabelle mit den Spalten „Dicke der Bleischicht" und „Noch vorhandene Strahlungsintensität" an. Fülle sie für die Bleidicken 0 mm, 1 mm, 2 mm, 3 mm, . . . , 10 mm aus.
b) Beschreibe den Vorgang mit einer einfachen Exponentialgleichung. Verwende dabei als Variablen: I (d), I_0 und d. Welchen Wert hat der Abnahmefaktor q?
c) Rechne nun aus, wie viel Prozent der ankommenden Strahlung eine 20 mm dicke Bleischürze abschirmt.
d) Wie dick muss eine Bleischicht mindestens sein, damit die Intensität der Röntgenstrahlung auf 25% (10%) der ursprünglichen Intensität herabgesetzt wird?

Lösung:

Strategie: Text genau lesen und den physikalischen Zusammenhang zunächst in einer Zuordnungstafel, danach mithilfe einer Gleichung einfangen.

a)

Dicke der Bleischicht	Noch vorhandene Strahlungsintensität
0 mm	I_0
1 mm	$I_0 \cdot 0{,}95 = 0{,}95\, I_0$
2 mm	$I_0 \cdot 0{,}95^2 \approx 0{,}90\, I_0$
3 mm	$I_0 \cdot 0{,}95^3 \approx 0{,}86\, I_0$
4 mm	$I_0 \cdot 0{,}95^4 \approx 0{,}81\, I_0$
5 mm	$I_0 \cdot 0{,}95^5 \approx 0{,}77\, I_0$
6 mm	$I_0 \cdot 0{,}95^6 \approx 0{,}74\, I_0$
7 mm	$I_0 \cdot 0{,}95^7 \approx 0{,}70\, I_0$
8 mm	$I_0 \cdot 0{,}95^8 \approx 0{,}66\, I_0$
9 mm	$I_0 \cdot 0{,}95^9 \approx 0{,}63\, I_0$
10 mm	$I_0 \cdot 0{,}95^{10} \approx 0{,}60\, I_0$

b) $I(d) = I_0 \cdot 0{,}95^d$
(q = 0,95)

c) $I(20) = I_0 \cdot 0{,}95^{20}$
$\approx 0{,}3585\, I_0$
Es werden abgeschirmt:
100% – 35,85% von I_0,
also 64,15% der ursprünglichen Strahlung.

d) Ansatz:
d sei die gesuchte Dicke,
$I(d) = I_0 \cdot 0{,}95^d = 0{,}25\, I_0$
$\Rightarrow 0{,}95^d = 0{,}25$

Mithilfe der Gleichung $0{,}95^d = 0{,}25$ muss nun d bestimmt werden. Dies gelingt dir durch systematisches Probieren und Einschachteln. Aus c) weißt du, dass $0{,}95^{20} = 0{,}3585$ ist. Die gesuchte Dicke muss also größer als 20 mm sein.
Probiere es mit $d = 30$ mm. Du erhältst: $0{,}95^{30} \approx 0{,}2146$. Der gewählte Wert für d ist zu groß. Probiere es nun mit $d = 25$ mm: $0{,}95^{25} \cdot 0{,}2774$. Nun weißt du: Das gesuchte d liegt zwischen 25 und 30 (mm), jedoch näher an 25 mm. Es liegt nahe, es nun mit $d = 27$ mm zu versuchen. Man erhält: $0{,}95^{27} \approx 0{,}2503$. Damit ist die Aufgabe gelöst: Die Bleischicht muss 27 mm dick sein, damit die Röntgenstrahlung auf 25% von I_0 herabgesetzt wird.
2. Teil von d)
Ansatz: $0{,}95^d = 0{,}10$ liefert $d \approx 45$. Eine Bleischicht von 45 mm Dicke setzt die Intensität von Röntgenstrahlen auf 10% herab, schirmt also 90% der Strahlung ab.

25. Konrad findet in einem Buch über Bauphysik die folgenden Angaben zum Wärmeschutz von Gebäuden:

Jetzt wird trainiert

Wärmedurchgangswiderstand : $\frac{1}{k} = \frac{1}{\alpha_a} + \frac{d}{\lambda} + \frac{1}{\alpha_i}$

mit: α_a = Wärmeübergangszahl außen
α_i = Wärmeübergangszahl innen
d = Dicke der Bauteilschicht in Metern
λ = Wärmeleitzahl des jeweiligen Baustoffes

Wichtige Wärmeleitzahlen

	λ
Ziegelwand:	0,59
Betonwand:	2,00
Styropor:	0,0042
Mineralwolle:	0,045
Glas:	0,81

Bei Außenwänden und Kellerdecken gilt z. B.

Wärmedurchgangswiderstand: $\frac{1}{k} = \frac{1}{23} + \frac{d}{\lambda} + \frac{1}{8}$

Konrad leitet aus der letzten Gleichung als Näherungsformel für eine **Außenwand aus Ziegelsteinen** her:

$$\frac{1}{k} = 0{,}1685 + 1{,}6949 \cdot d$$

a) Gib die Umformungsschritte für diese Herleitung an.
b) Berechne den Wärmedurchgangswiderstand für eine 12,5 cm (25 cm, 50 cm) dicke Ziegelsteinwand.
c) Die Wärmedämmung eines Hauses nimmt mit der Dicke der Ziegelsteinwand zu. Es liegt also ein „Wachstumsprozess" vor. Welche Gesetzmäßigkeit gilt hier?
d) In Schriften zum Umweltschutz bzw. zum Klimaschutz findest du beim Thema Wärmedämmung von Häusern oft den Begriff **„Wärmedurchgangszahl k"**. Die Wärmedurchgangszahl ist der Kehrwert des Durchgangswiderstandes. Berechne die Wärmedurchgangszahlen für die in b) genannten Wände.

Musteraufgabe

Chemische Symbole ausgewählter Isotope:

Caesium 134:	^{134}Cs
Caesium 137:	^{137}Cs
Jod 131:	^{131}J
Kohlenstoff 14:	^{14}C
Radium 226:	^{226}Ra
Strontium 90:	^{90}Sr

Halbwertzeiten:
^{131}J: 8,0 d (Tage)
^{137}Cs: 30,0 a (Jahre)

1. Fall: Radioaktiver Zerfall

Bei der Reaktorkatastrophe in Tschernobyl am 26. April 1986 gelangten neben anderen radioaktiven Isotopen vor allem große Mengen von radioaktivem Jod und Caesium in die Atmosphäre und wurden teilweise durch die Luftströmungen auch bis nach Mitteleuropa und Skandinavien verfrachtet. Dort wurden in einigen Gebieten in der Folgezeit überhöhte Strahlenbelastungen festgestellt.
Radioaktive Atome emittieren radioaktive Strahlung (α-, β-, γ-Strahlung) und wandeln sich dabei in andere Stoffe um: Sie zerfallen. Dies geschieht bei verschiedenen Isotopen unterschiedlich schnell. Es ist üblich, die Geschwindigkeit des radioaktiven Zerfalls in Halbwertzeiten zu messen.

Halbwertzeit = Zeitspanne, in der sich die Anzahl der vorhandenen radioaktiven Atome einer bestimmten Sorte durch Zerfall halbiert hat. Es handelt sich um exponentielle Abnahme.

a) Zeige, dass die Strahlenbelastung durch Jod 131 aus der Katastrophe von Tschernobyl bereits Anfang Juni 1986 auf etwa 5% der ursprünglichen Intensität gesunken war und heute praktisch nicht mehr besteht.
b) Sorgen dagegen bereitet das abgelagerte Caesium 137. Welche Intensität hat das in Tschernobyl freigesetzte ^{137}Cs im April 2001 (im April 2020, im April 2040)?
c) Stelle eine Zerfallsgleichung der Form $N(t) = N_0 \cdot q^t$ (mit t gemessen in Jahren) für ^{137}Cs auf.

Lösung:

Strategie: Text genau lesen. Zuordnungstabellen mit den Spalten „Seit der Katastrophe verflossene Zeit“ (t in Tagen) und „Anzahl der noch vorhandenen radioaktiven Atome“ (N(t)) anlegen und ausfüllen. Gesuchte Größen bestimmen.

N_0 ist die Anzahl der zu Beginn vorhandenen radioaktiven Atome.

a)

	t	$N(t)$	
(26. April 86)	0	N_0	
			$\cdot \frac{1}{2}$
(4. Mai 86)	8	$\frac{1}{2} N_0$	
			$\cdot \frac{1}{2}$
(12. Mai 86)	16	$\frac{1}{4} N_0$	
			$\cdot \frac{1}{2}$
(20. Mai 86)	24	$\frac{1}{8} N_0$	
			$\cdot \frac{1}{2}$
(28. Mai 86)	32	$\frac{1}{16} N_0$	
			$\cdot \frac{1}{2}$
(5. Juni 86)	40	$\frac{1}{32} N_0$	

In der Tabelle sieht man, dass die Anzahl der radioaktiven Jod-Atome Anfang Juni 1986 auf rund $\frac{1}{20} N_0$, also auf etwa 5% gefallen ist.
Zu Beginn des Jahres 2000 waren bereits über 600 8-Tages-Zeitspannen seit der Reaktorkatastrophe vergangen. Für die Anzahl der noch vorh. radioaktiven Jod-Atome gilt:
$N(\text{Anfang } 2000) < N_0 \cdot (\frac{1}{2})^{600}$, und $(\frac{1}{2})^{600} \approx 2{,}4 \cdot 10^{-183}$.

b)

	t (in Jahren)	*N(t)*		
April 1986	0	N_0	N_0	
April 1987	1		$N_0 \cdot q$	$\cdot q$
April 1988	2		$N_0 \cdot q^2$	$\cdot q$
.	.	$\cdot \frac{1}{2}$	N_0	
.	.		$N_0 \cdot q$	$\cdot q$
.	.		$N_0 \cdot q^2$	$\cdot q$
April 2016	30	$\frac{1}{2} N_0$	$N_0 \cdot q^{30}$	

In dieser Tabelle sieht man, dass beim Zerfall von Caesium 137 gilt: $N_0 \cdot q^{30} = \frac{1}{2} N_0$, also $q^{30} = 0{,}5$. Daraus folgt: $\mathbf{q} = \sqrt[30]{0{,}5} \approx \mathbf{0{,}97716}$

$N(\text{April } 2001) = N_0 \cdot q^{15} = 0{,}7071\ N_0$
$N(\text{April } 2020) = N_0 \cdot q^{34} = 0{,}4559\ N_0$
$N(\text{April } 2040) = N_0 \cdot q^{54} = 0{,}2872\ N_0$

c) $N(t) = N_0 \cdot 0{,}97716^t$ (t in Jahren)

Jetzt wird trainiert

26. Radium 226 besitzt eine Halbwertzeit von 1600 Jahren. Nenne: N_0 die Anzahl der Isotope ^{226}Ra zum Zeitpunkt t = 0, N(t) die Anzahl der nach t Jahren noch vorhandenen ^{226}Ra-Isotope.

a) Wie lange dauert es, bis jeweils noch ein Viertel, ein Achtel, ein Sechzehntel von N_0 vorhanden sind?

b) Zeichne den Graphen der Zerfallsfunktion von ^{226}Ra im Achsenkreuz (für $0 \leq t \leq 10\,000$). Wähle auf der t-Achse für 1000 Jahre eine Länge von 1 cm.

c) Lies an diesem Graphen ab, nach wie vielen Jahren noch 0,9 N_0, 0,8 N_0, 0,7 N_0, 0,6 N_0, 0,4 N_0, 0,3 N_0, 0,2 N_0 und 0,1 N_0 Isotope vorhanden sind.

d) In welchen Zeitspannen sind 25%, 50%, 75%, 90% der ursprünglich vorhandenen ^{226}Ra-Isotope zerfallen?

27. Wir bleiben noch beim Zerfall von Radium 226.

a) Leite ein Zerfallsgesetz für ^{226}Ra in der Form $N(t) = N_0 \cdot q^t$ (t in Jahren) her. Bestimme dazu einen Zahlenwert für q auf acht Stellen nach dem Komma genau. Verfahre so, wie es in der Musteraufgabe im Teil b) gezeigt wurde (siehe Tabelle oben auf dieser Seite).

b) Rechne nun aus, welcher Anteil der ursprünglich vorhanden ^{226}Ra-Isotope nach 1000 Jahren, 2000 Jahren, 3000 Jahren, 4000 Jahren, 5000 Jahren noch vorhanden ist.

c) Nach wie vielen Jahren ist die Anzahl der ^{226}Ra-Isotope auf 1% von N_0 geschrumpft?

Musteraufgabe

2. Fall

Die Radiosonde in einem aufsteigenden Wetterballon misst u. a. auch den Luftdruck in verschiedenen Höhen. Am Boden (0 m über NN) herrscht gerade ein Luftdruck von 1024 haP. Die gesammelten Daten sind in der folgenden Tabelle festgehalten.

Höhe über NN in km	Luftdruck in hPa
0	1024,0
1	891,4
2	776,0
3	675,6
4	588,1
5	512,0
6	445,7

a) Offensichtlich nimmt der Luftdruck mit zunehmender Höhe ab. Welche Gesetzmäßigkeit gilt dabei (in guter Näherung)?

b) Bestimme Werte für den Luftdruck in 7, 8, 9, 10 km Höhe, die bei diesem Ballonaufstieg gemessen würden.

Hier bedeuten:
$p(h)$ = Luftdruck in h Metern über NN
p_o = Aktueller Luftdruck auf 0 m NN
h = Höhe über NN in Metern

c) Die allgemeine barometrische Höhenformel lautet:

$$p(h) = p_0 \cdot \frac{1}{2}^{\frac{h}{5000}} .$$

Zeige: Die Werte in der Tabelle erfüllen diese Gleichung.
Leite eine spezielle Formel für p_0 = 1024 hPa und h in km gemessen aus der allgemeinen Höhenformel her. Findest du deinen in a) bestimmten Wert für q bestätigt?

Lösung:

Strategie: Den in der Tabelle erkennbaren Abnahmeprozess systematisch untersuchen: Die (negativen) Zuwächse z_1, z_2 bis z_6 der Reihe nach untereinander aufschreiben. Untersuchen, ob diese differenzengleich oder quotientengleich sind oder ob eine andere oder keine Gesetzmäßigkeit vorliegt. So den Funktionstyp bestimmen.

a) *1. Schritt:* Differenzen der Zuwächse bilden

$z_1 = -132{,}6$ $z_2 - z_1 = -17{,}2$
$z_2 = -115{,}4$ $z_3 - z_2 = -15{,}0$
$z_3 = -100{,}4$ Man erkennt:
$z_4 = -87{,}5$ Die Abnahme ist
$z_5 = -76{,}1$ weder linear noch
$z_6 = -66{,}3$ quadratisch.

2. Schritt: Quotienten der Zuwächse bilden

$z_2/z_1 = 0{,}8703$ gleich
$z_3/z_2 = 0{,}8700$ bleibend,
$z_4/z_3 = 0{,}8715$ im Mittel:
$z_5/z_4 = 0{,}8697$ $q = 0{,}8705$
$z_6/z_5 = 0{,}8712$
Also: Exponentielle Abnahme.

3. Schritt: Prüfen, ob die Funktionswerte selbst quotientengleich sind: 891,4/1024,0 = …, 776,0/891,4 = … usw.

Antwort: Der Luftdruck nimmt bei zunehmender Höhe exponentiell ab. Im Beispiel gilt $p(h+1) = p(h) \cdot 0{,}8705$.

b) $p(7\,km) = 445{,}7 \cdot 0{,}8705 = 388{,}0$
$p(8\,km) = 445{,}7 \cdot 0{,}8705^2 = 337{,}7$
$p(9\,km) = 445{,}7 \cdot 0{,}8705^3 = 294{,}0$
$p(10\,km) = 445{,}7 \cdot 0{,}8705^4 = 255{,}9 \approx 256\,hPa = 0.5 \cdot p(5\,km)$

c) $p(1\,km) = 1024\,hPa \cdot \frac{1}{2}^{\frac{1000}{5000}} = 1024\,hPa \cdot 0{,}5^{0,2} = 891{,}444\,hPa$

Gemessen wurden 891,4 hPa.
$p(2\,km) = 1024\,hPa \cdot 0{,}5^{0,4} = 776{,}047\,hPa$ (Gemessen: 776,0 hPa)
usw.
Man ersetzt p_0 durch 1024 hPa und h durch $1000 \cdot h$:
$p(h) = 1024\,hPa \cdot \frac{1}{2}^{\frac{1}{5}h}$ (h in km über NN)
Der in a) mit q = 0,8705 bestimmte Faktor ist hinreichend genau.

28. Wenn man 10 m höher steigt, fällt das Barometer auf das 0,9986147fache des vorhergehenden Standes. *Jetzt wird trainiert*

a) Anke und Stefan wollen diese Angabe überprüfen. Sie nehmen ein Barometer und lesen zu Hause (50 m über NN) den aktuellen Stand ab: 1006,0 hPa. Dann klettern sie auf den nahen Aussichtsturm (Plattform 180 m über NN). Oben zeigt das Barometer 988,0 hPa.

b) Anke sagt: Du Stefan, auf dem Brocken (rund 1140 m hoch) würde unser Barometer jetzt nur 865 hPa anzeigen. Stimmt das?

29. Berechne die mittleren Barometerstände auf den Spitzen folgender Berge: Zugspitze (rund 2960 m über NN), Nanga Parbat (rund 8130 m über NN), Mount Everest (rund 8870 m über NN). Der normale Luftdruck auf Meereshöhe beträgt 1013 hPa.

30. Bei der Herstellung eines Gerätes sind 25 Arbeitsgänge nacheinander auszuführen. Die bisherige Qualitätsüberprüfung im Werk ergab, dass dabei Montage- oder Materialfehler mit einer Häufigkeit von 0,1 % pro Arbeitsgang auftraten.

a) Berechne den Anteil an völlig fehlerfreien Geräten in der Produktion.

Anleitung: Nach 1. Arbeitsgang: $100\,\% \cdot 0{,}999$ Geräte fehlerfrei
Nach 2 Arbeitsgängen: $100\,\% \cdot 0{,}999 \cdot 0{,}999$ Geräte fehlerfrei usw.

b) Der Vorstand drängt auf Qualitätsverbesserungen und beauftragt einen Mitarbeiter, nach Fehlerquellen zu suchen und Verbesserungsvorschläge auszuarbeiten. Diese führen schließlich dazu, dass pro Arbeitsgang nur noch 0,06 % Fehler auftreten. Wie hoch ist jetzt der Anteil an völlig fehlerfrei produzierten Geräten?

Arbeitslose in Deutschland (in Millionen Personen)

	Jan.	Febr.	März	April	Mai	Juni	Juli	Aug.	Sept.	Okt.	Nov.	Dez.	Jahr
1995	3,850	3,827	3,674	3,605	3,461	3,457	3,591	3,578	3,521	3,526	3,579	3,791	3,612
1996	4,159	4,270	4,141	3,967	3,818	3,785	3,912	3,902	3,848	3,867	3,942	4,148	3,965
1997	4,658	4,672	4,477	4,347	4,256	4,222	4,354	4,372	4,308	4,290	4,322	4,522	4,384
1998	4,823	4,819	4,623	4,421	4,197	4,075	4,134	4,095	3,965	3,892	3,946	4,197	4,279
1999	4,455	4,465	4,289	4,145	3,998	3,938	4,027	4,024	3,943	3,883	3,901	4,047	4,099
2000	4,293	4,277	4,141	3,986	3,788	3,724	3,804	3,781					

Quelle: Veröffentlichungen der Bundesanstalt für Arbeit bzw. des Statistischen Bundesamtes

Musteraufgabe

Die Seiten 60 und 61 brauchst du nur durchzuarbeiten, wenn im Unterricht Zeitreihenanalysen auftraten!

Die Daten einer Zeitreihe werden mit $y_1, y_2, y_3, \ldots, y_t, \ldots, y_n$ bezeichnet.
Im Beispiel gilt:
$y_1 = 3\,850\,000$
$y_2 = 3\,827\,000$
$y_{25} = 4\,658\,000$
usw.
Man kann auch schreiben:
y(Jan.95) = 3 850 000
y(Feb.95) = 3 827 000
usw.

Die Werte der glatten Kurve bezeichnen wir mit: $g_1, g_2, g_3, \ldots, g_t, \ldots, g_n$.

3. Fall: Zeitreihenanalyse

Im folgenden Stabdiagramm ist die Entwicklung der Arbeitslosenzahlen in Deutschland seit Januar 1995 dargestellt. Auf der Rechtsachse sind jeweils die Jahresanfänge markiert.

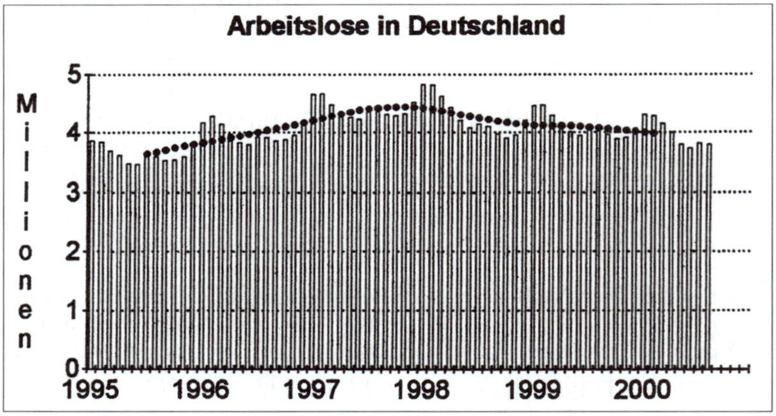

a) Beschreibe die saisonalen Einflüsse in dieser Entwicklung, d. h. die von der Jahreszeit abhängenden Besonderheiten dieser Zeitreihe.
b) Im Bild sieht man auch eine glatte Kurve (die Trendlinie). Sie wurde mithilfe 12gliedriger gleitender Durchschnitte der Form $g(t) = (0{,}5 \cdot y_{t-6} + y_{t-5} + y_{t-4} + \ldots + y_t + \ldots + y_{t+5} + 0.5 \cdot y_{t+6}) : 12$ bestimmt. Erkläre, warum gerade bei den Arbeitslosenzahlen 12gliedrige Durchschnitte besonders geeignet sind.
c) Interpretiere die Trendkurve.
d) Wenn du einen Computer zur Verfügung hast und ein Tabellenkalkulationsprogramm einsetzen kannst, dann lege eine Arbeitstabelle nach dem Muster auf Seite 61 an und fülle sie aus.
e) Erstelle selbst eine Grafik wie im Bild oben. Lass sie ausdrucken.

Lösung:

a) In den Monaten Januar bis März lagen die Arbeitslosenzahlen um mehrere hunderttausend Personen über den glatten Werten, in den Monaten Mai bis Oktober/November deutlich unter den Trendwerten. Dieses Saisonmuster trat in allen Jahren auf.

b) Bei der Bestimmung von Trendwerten muss man die jedes Jahr wieder auftretenden saisonalen Abweichungen berücksichtigen und daher beim Berechnen gleitender Durchschnitte über 12 Monate mitteln. Damit eine Zuordnung zum Bezugsmonat t möglich ist, werden jeweils die Daten von 13 Monaten in den gleitenden Durchschnitt einbezogen, die vom ersten und letzten Monat jedoch nur zur Hälfte.

c) Von Anfang 1995 bis zum Herbst 1997 stiegen die Arbeitslosenzahlen stetig an, ab Anfang 1998 sanken sie. Der Abbau der Arbeitslosigkeit ab 1998 ging langsamer voran als der Anstieg davor.

d) Arbeitstabelle:

Monat	t	Ursprungswerte y(t)	Glatte Werte g(t)	Saisonaler Einfluss y(t) − g(t)
Jan. 95	1	3,850		
Feb. 95	2	3,827		
Mär. 95	3	3,674		
Apr. 95	4	3,605		
Mai. 95	5	3,461		
Jun. 95	6	3,457		
Jul. 95	7	3,591	3,635	−0,044
Aug. 95	8	3,578	3,666	−0,088
Sep. 95	9	3,521	3,704	−0,183
usw.				

e) Vergleiche deine Grafik mit dem Bild auf Seite 60!
Wenn du deine Grafik deutlich größer anlegst, kannst du vor allem die saisonalen Einflüsse viel besser sehen.

Jetzt wird trainiert

31. Übertrage die in der Musteraufgabe berechneten saisonalen Einflüsse in eine besondere Tabelle und berechne die Saisonindizes.

	1995	1996	1997	1998	1999	2000	Zeilenmittel	Saisonindex
Jan.	–	0.335						
Feb.	–	0.419						
Mär.	–	0.263						
…	…	…						
Dez.	−0.006	−0.021						

32. In der folgenden Tabelle sind die Jahresmittel der Temperatur von Hannover-Langenhagen mitgeteilt. Führe eine Zeitreihenanalyse durch. Benutze zur Glättung a) 7gliedrige, b) 11gliedrige, c) 15gliedrige gleitende Durchschnitte. Interpretiere die Trendkurve.

Diese Zeitreihenanalyse ist einfach, weil bei Jahresmitteln keine saisonalen Einflüsse auftreten!

1966	8.9	1971	9.1	1976	8.9	1981	8.8	1986	8.5	1991	9.0	1996	7.6
1967	9.6	1972	8.4	1977	9.3	1982	9.7	1987	7.9	1992	10.2	1997	9.6
1968	8.7	1973	8.9	1978	8.5	1983	9.8	1988	9.8	1993	8.9	1998	9.9
1969	8.3	1974	9.6	1979	8.1	1984	8.9	1989	10.4	1994	10.1	1999	
1970	8.2	1975	9.7	1980	8.3	1985	8.1	1990	10.4	1995	9.6	2000	

Quelle: Die Jahresmittel (in °C) wurden aus den Monatswerten in den Statistischen Jahrbüchern der Bundesrepublik Deutschland berechnet.

E Trigonometrische Funktionen

INFOS

Was du können musst:

1. Die Definitionen der Sinus-, Kosinus- und Tangensfunktion im rechtwinkligen Dreieck kennen, einschließlich der Funktionswerte an den Stellen 0° und 90°. Die Begriffe Ankathete, Gegenkathete und Hypotenuse bei der Anlage von Probefiguren und dem Finden von Ansätzen benutzen. Fehlende Stücke in rechtwinkligen Dreiecken berechnen.

2. Fehlende Stücke in gleichschenkligen und gleichseitigen Dreiecken, in Quadraten, Rechtecken, Rauten und Trapezen, in regelmäßigen Vielecken und in Kreisausschnitten berechnen. Dabei Probefiguren anlegen, geeignete rechtwinklige Dreiecke einzeichnen und in diesen trigonometrische Funktionen anwenden.

3. Die Sinusfunktion für $0° \leq \alpha \leq 360°$ definieren. Den Graphen dieser Funktion zeichnen, seine Eigenschaften angeben.

4. In Anwendungssituationen Steigungen, Neigungs-, Tiefen- und Böschungswinkel, Abstände und Höhen berechnen. Ausgewählte physikalische Aufgaben mithilfe trigonometrischer Funktionen lösen (Beispiele: Schiefe Ebene, Lichtbrechung).

1 Winkelfunktionen im rechtwinkligen Dreieck

Grundlagentest

(45 Minuten)

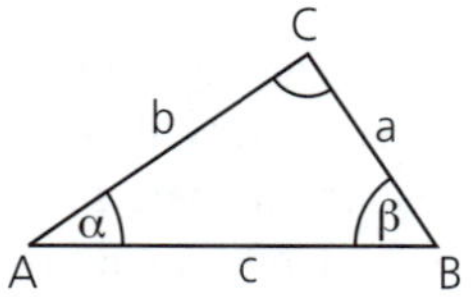

T 1 Gib als Verhältnis zweier Seitenlängen an: a) $\sin\alpha$, b) $\sin\beta$, c) $\cos\alpha$, d) $\cos\beta$, e) $\tan\alpha$, f) $\tan\beta$.

T 2 Welchen Zahlenwert haben a) $\sin 0°$, b) $\cos 0°$, c) $\tan 0°$, d) $\tan 45°$, e) $\sin 90°$, f) $\cos 90°$?

T 3 In einem rechtwinkligen Dreieck mit den Bezeichnungen wie im Bild auf dem Rand sind gegeben:
a) $\alpha = 22{,}5°$; $a = 2{,}1$ cm b) $\beta = 61{,}3°$; $a = 3{,}2$ cm
c) $a = 3{,}0$ cm; $c = 5{,}0$ cm d) $a = 4{,}5$ cm; $b = 6{,}0$ cm
Berechne die fehlenden Stücke, also nicht bekannte Seitenlängen und Winkelgrößen.

Übungsaufgaben

Jetzt wird trainiert

1. Im Bild siehst du einen Viertelkreis mit dem Radius 1 (Längeneinheit = 1,0 dm) im ersten Quadranten eines Achsenkreuzes. Es sind die Mittelpunktswinkel 10°, 20°, ..., 80° eingezeichnet. Hervorgehoben ist ein rechtwinkliges Dreieck FKM mit α = 30°.

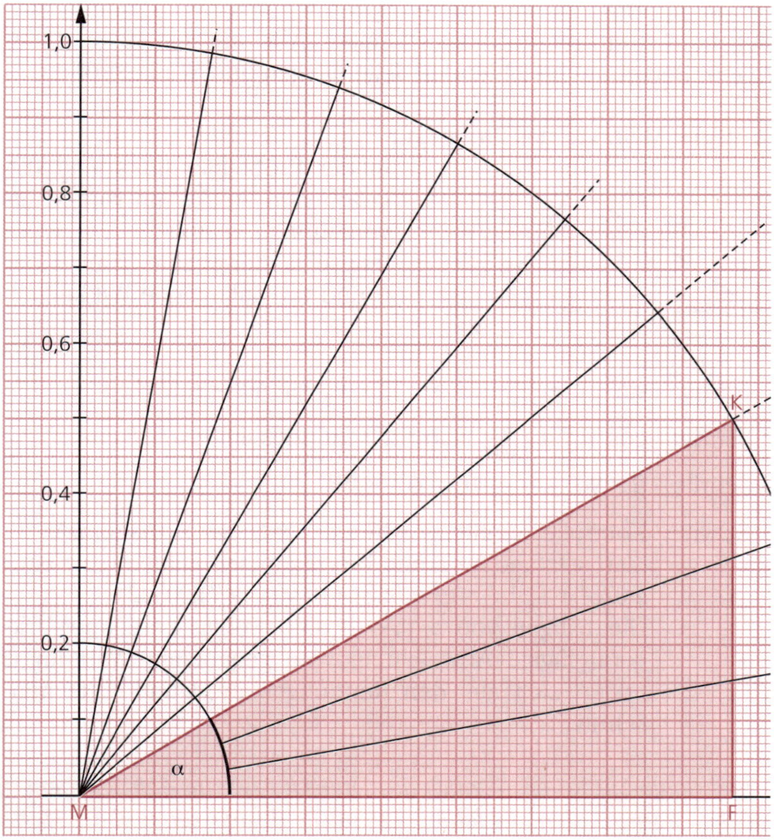

a) Orientiere dich in dem Dreieck FKM: Wie heißt die Hypotenuse? Wie lang ist sie? Wie heißt die Gegenkathete zu α? Wie lang ist sie? Wieso kann man einen Zahlenwert für sin 30° mit Zeichengenauigkeit direkt in der Figur ablesen? Erkläre.

b) Zeichne selbst eine solche Figur auf Millimeterpapier. Lies Zahlenwerte für sin 10⁰, sin 20⁰, ..., sin 80° ab. Lege eine Wertetabelle mit diesen Näherungswerten an.

c) In der Figur kann man mit Zeichengenauigkeit auch die Zahlenwerte für cos 10°, cos 20°, ..., cos 80° ablesen. Wo? Erkläre. Lege eine Wertetabelle an.

d) Auf der rechten Parallelen zur Hochachse kann man Tangenswerte ablesen. Erkläre.

$$\sin \alpha = \frac{\text{Länge der Gegenkathete}}{\text{Länge der Hypotenuse}}$$

$$\cos \alpha = \frac{\text{Länge der Ankathete}}{\text{Länge der Hypotenuse}}$$

$$\tan \alpha = \frac{\text{Länge der Gegenkathete}}{\text{Länge der Ankathete}}$$

Ein wichtiger Anwendungsbereich trigonometrischer Funktionen ist die Berechnung fehlender Seitenlängen und Winkelgrößen in rechtwinkligen Dreiecken. Dies übst du am besten am „Musterdreieck“ ABC, später auch an rechtwinkligen Dreiecken mit anderen Bezeichnungen.

Musteraufgabe

Gegeben ist ein rechtwinkliges Dreieck ABC mit $\alpha = 40°$ und c = 7,2 cm. Berechne die fehlenden Seitenlängen und Winkelgrößen.

Lösung:
Eine **Probefigur** wird in der Regel nicht in Originalgröße gezeichnet. Es kommt nur darauf an, das Wesentliche der Figur richtig darzustellen (hier den rechten Winkel bei C und die Lage der anderen Winkel und Seiten).

Strategie: Methode der Probefigur

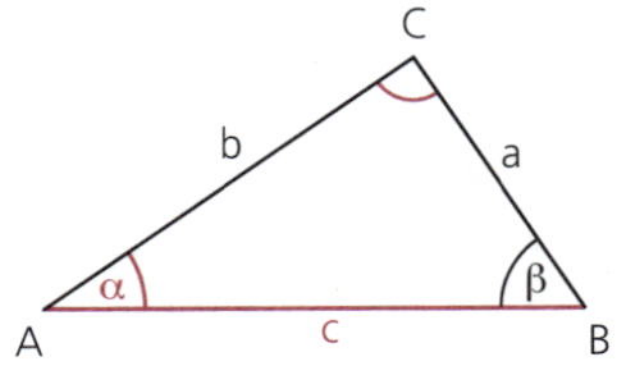

In der Probefigur links sind die gegebenen Stücke mit Farbe hervorgehoben, nämlich die Hypotenuse c, der rechte Winkel bei C und der anliegende Winkel α.

1. Schritt: $\sin 40° = \frac{a}{7{,}2\text{cm}} \Rightarrow \mathbf{a} = 7{,}2\,\text{cm} \cdot \sin 40° = \mathbf{4{,}628\,cm}$

2. Schritt: $\cos 40° = \frac{b}{7{,}2\text{cm}} \Rightarrow \mathbf{b} = 7{,}2\,\text{cm} \cdot \cos 40° = \mathbf{5{,}516\,cm}$

3. Schritt: $\beta = 90° - \alpha = 90° - 40° = \mathbf{50°}$

4. Schritt: Kontrolle. Es gilt: $a^2 + b^2 = c^2$ (Satz des Pythagoras).
Man setzt die für a und b errechneten Zahlenwerte ein:
$4{,}628^2 + 5{,}516^2 = c^2 = 51{,}84464 \Rightarrow c = 7{,}200322$
Die Längen von a und b sind richtig berechnet. Die geringfügige Abweichung vom gegebenen Wert für c erklärt sich aus den Rundungen im 1. und 2. Rechenschritt.

In deinem Schulbuch könnte statt Probefigur der Begriff „Planfigur“ auftreten. Planfigur und Probefigur meinen das Gleiche.

Satz des Pythagoras:

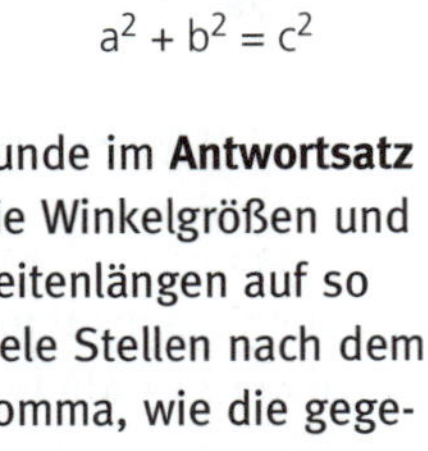

$a^2 + b^2 = c^2$

Man könnte zur Kontrolle auch das Dreieck ABC aus den gegebenen Stücken konstruieren, die fehlenden Stücke ausmessen und die Messergebnisse mit den Rechenergebnissen vergleichen.

Antwort: Im gegebenen Dreieck ABC ist der Winkel β 50° groß. Die Seite a ist 4,6 cm und die Seite b 5,5 cm lang.

Runde im **Antwortsatz** die Winkelgrößen und Seitenlängen auf so viele Stellen nach dem Komma, wie die gegebenen Stücke als Messgenauigkeit ausweisen.

2. Gegeben ist ein rechtwinkliges Dreieck ABC mit $\gamma = 90°$ aus:
a) $\beta = 52{,}4°$ und c = 6,3 cm
b) a = 4,2 cm und c = 7,4 cm
c) b = 3,6 cm und c = 6,1 cm
d) $\alpha = 43{,}5°$ und a = 4,5 cm
e) a = 4,6 cm und b = 5,8 cm
f) $\beta = 51{,}8°$ und a = 4,5 cm
Berechne die fehlenden Winkelgrößen und Seitenlängen und führe eine Kontrolle deiner Rechnungen durch.

3. In einem rechtwinkligen Dreieck AMH (siehe Bild) sind die Längen s = 7,5 cm und h = 6,0 cm gegeben.

Jetzt wird trainiert

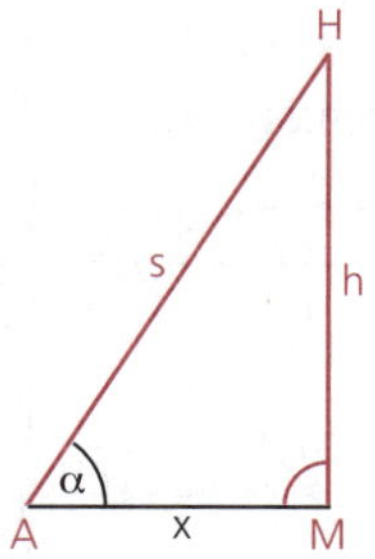

a) Wie heißt die Hypotenuse in diesem Dreieck? Wie heißen die Ankathete und die Gegenkathete von α? Bestimme die Größe von α.
b) Berechne die Länge von x mit trigonometrischen Mitteln.
b) Kontrolliere dein Rechenergebnis mithilfe des Pythagoreischen Lehrsatzes.

2 Berechnungen in ebenen Figuren

Grundlagentest

(75 Minuten)

T 1 Berechne die fehlenden Winkelgrößen, Seitenlängen und den Flächeninhalt eines gleichschenkligen Dreiecks ABC (Spitze bei C) aus:
a) a = 5,8 cm und c = 8,2 cm b) α = 60,8° und a = 7,9 cm

T 2 Untersuche ein gleichseitiges Dreieck ABC mit a = b = c = 6,0 cm.
a) Zeichne das Dreieck und miss die Länge einer Höhe.
b) Berechne die Länge einer Höhe mithilfe trigonometrischer Mittel und mithilfe des pythagoreischen Lehrsatzes.
c) Leite eine Formel für den Flächeninhalt eines gleichseitigen Dreiecks her. Nenne die Seitenlänge s.

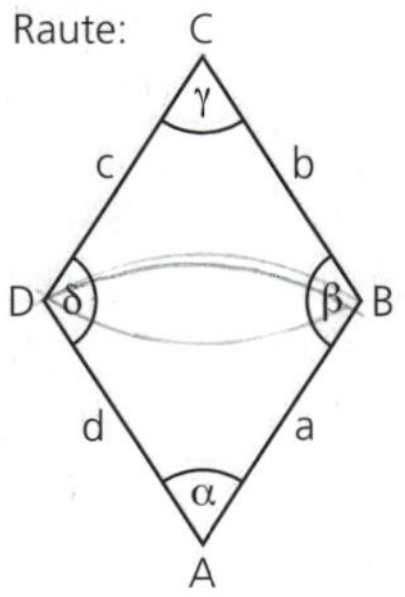

T 3 Berechne die fehlenden Stücke (auch den Flächeninhalt) einer Raute ABCD ($\overline{AC}$ = e, $\overline{BD}$ = f). Gegeben sind:
a) a = 4,0 cm und α = 60,0° b) e = 10,2 cm und α = 66,4°

Übungsaufgaben

Jetzt wird trainiert

4. Die Seitenlängen eines Rechtecks ABCD sind gegeben: a = 8,4 cm und b = 4,8 cm. Unter welchem Winkel schneiden sich die Diagonalen? Berechne die Länge einer Diagonale. Kontrolliere deine Rechnung.

5. In einem Rechteck ABCD schneiden sich die Diagonalen e und f unter 46,2°. Außerdem gilt e = f = 7,6 cm. Berechne die Seitenlängen des Rechtecks.

Denke daran:
Zuerst eine **Probefigur** anlegen!

Jetzt wird trainiert

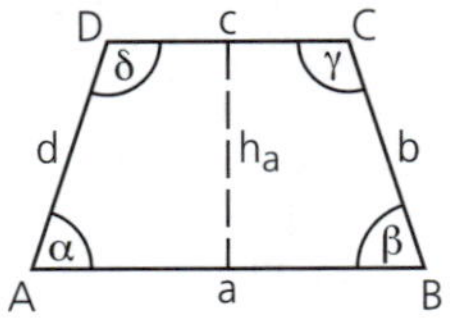

6. Gegeben ist ein gleichschenkliges Trapez ABCD (siehe Bild in der Marginalspalte) aus:
a) a = 7,4 cm; b = 4,4 cm; α = 72,6°
b) a = 8,2 cm; b = 5,2 cm; h_a = 4,6 cm
Berechne die fehlenden Winkelgrößen und Seitenlängen.

7. In einem Kreis mit dem Radius r = 3,8 cm ist ein Mittelpunktswinkel der Größe α = 78,3° eingezeichnet.
a) Berechne die Länge s der zugehörigen Sehne AB.
b) Berechne die Länge h der zugehörigen Dreieckshöhe (gestrichelte Strecke).

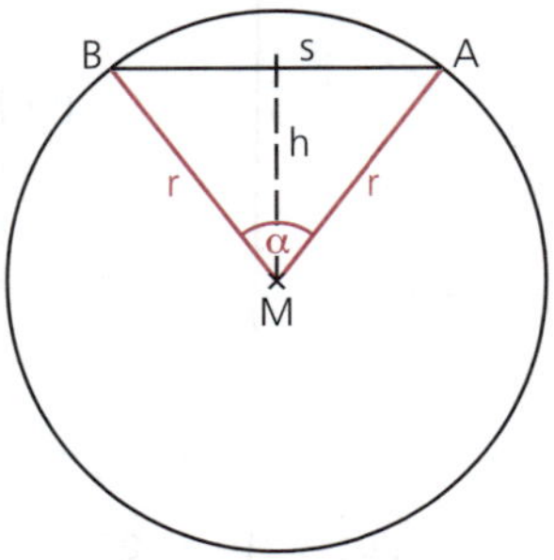

Anleitung: Beim regelmäßigen Sechseck ist eine Seite genau so lang wie der Umkreisradius.

8. a) Konstruiere ein regelmäßiges Sechseck ABCDEF mithilfe seines Umkreises (r = 3,6 cm).
b) Berechne den Flächeninhalt des Sechsecks.

9. Untersuche ein regelmäßiges Einhunderteck mit der Seitenlänge s = 10,0 cm.
a) Der zugehörige Mittelpunktswinkel beträgt 3,6°. Warum?
b) Welchen Radius besitzt der zugehörige Umkreis? Notiere das Ergebnis zunächst mit allen Nachkommastellen, die der Taschenrechner liefert.
c) Bestimme dann die Länge des Umfangs des 100-Ecks und vergleiche diese Größe mit dem Umfang des zugehörigen Umkreises.

10. An einen Kreis mit dem Radius r = 3,2 cm wird von einem Punkt P (PM = 9,6 cm) aus eine Tangente an den Kreis gelegt.

Probefigur:

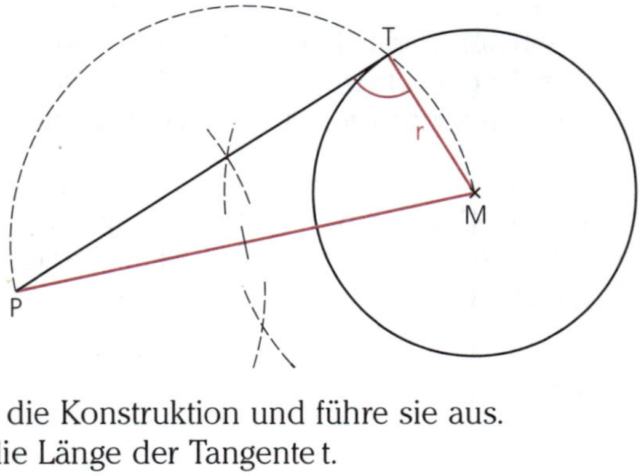

a) Beschreibe die Konstruktion und führe sie aus.
b) Berechne die Länge der Tangente t.

3 Anwendungen

Grundlagentest

(30 Minuten)

T 1 Ein Baum wirft auf waagerechter Ebene einen Schatten von 18,90 m Länge. Die Sonne steht im Augenblick genau 42,4° hoch. Berechne die Höhe des Baumes.

T 2 Eine quadratische Pyramide hat folgende Abmessungen: Länge einer Grundkante a = 7,36 m, Körperhöhe h = 24,32 m. Berechne den Neigungswinkel der Seitenflächen gegen die Grundfläche.

Hier zeichnet man als erstes am besten eine **Probefigur.**

T 3 Der Querschnitt eines 2,50 m hohen Dammes hat die Form eines gleichschenkligen Trapezes. Unten ist der Damm 12,80 m, oben 4,80 m breit. Berechne die Größe der Böschungswinkel.

Übungsaufgaben

Jetzt wird trainiert

11. 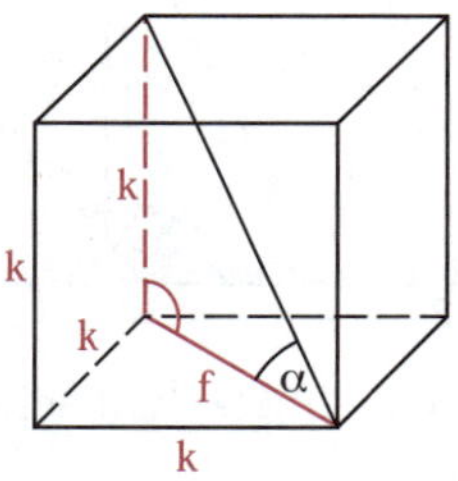

In nebenstehendem Bild ist ein Würfel mit einer seiner Körperdiagonalen dargestellt. Gegeben ist die Kantenlänge k = 5,0 cm. Berechne die Größe des Winkels α, den die Körperdiagonale mit der Grundfläche bildet.

Anleitung für 11. Im Bild ist ein rechtwinkliges Dreieck hervorgehoben, das den gesuchten Winkel enthält. Berechne zunächst die Länge der Diagonalen f in der Grundfläche des Würfels.

12. Die folgenden Bilder zeigen (1) das Schrägbild einer quadratischen Pyramide und in (2) und (3) besondere Schnitte durch den Körper. Beschreibe die Querschnitte. Nimm an, es seien die Grundkantenlänge a und die Körperhöhe h gegeben. Welche Stücke lassen sich dann in welchem Querschnitt berechnen?

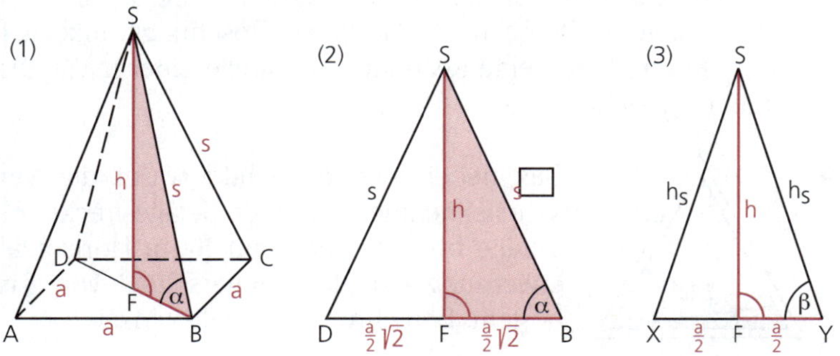

Anleitung: Lege zunächst Probefiguren an. Anregungen findest du in den Bildern auf der vorigen Seiten unten.

13. Von einer quadratischen Pyramide sind die Länge der Grundkanten mit a = 6,2 cm und die Länge der Seitenkanten mit s = 11,8 cm gegeben.
Berechne mit trigonometrischen Mitteln die Größe des Winkels α, den eine Seitenkante mit der Grundfläche bildet, die Länge der Körperhöhe h und die Größe des Winkels β, den eine Seitenfläche mit der Grundfläche bildet.

Beachte:
Der Fußpunkt der Höhe (F) **teilt** die Höhe HC in der Grundfläche im Verhältnis 1 : 2.

14. Eine Pyramide besitzt ein gleichseitiges Dreieck als Grundfläche. Gegeben: Grundkante a = 4,0 cm, Körperhöhe h = 5,0 cm.

a) Konstruiere ein Schrägbild dieser Pyramide. Beachte die folgenden Bilder.

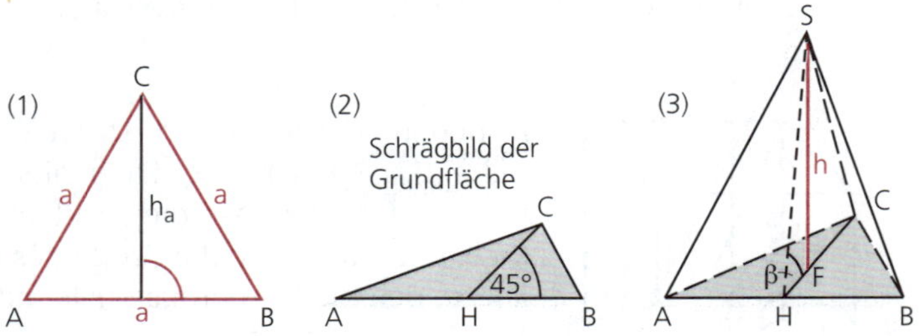

b) Berechne die Größe des Winkels β, den eine Seitenfläche der Pyramide mit der Grundfläche bildet.

15.

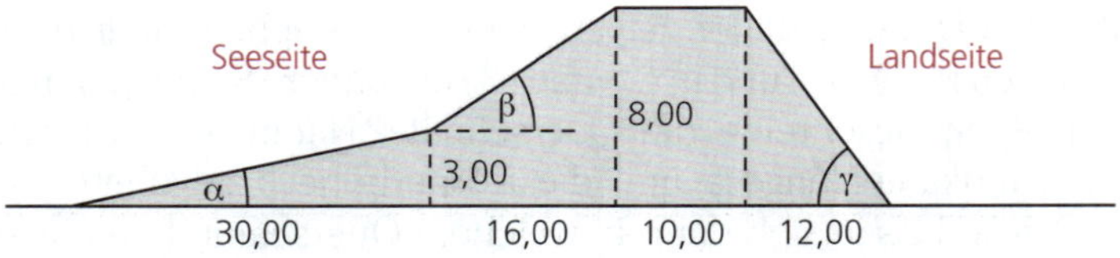

Das Bild zeigt den Querschnitt eines Deiches (Skizze, Längenmaße in Metern). Berechne die Größe der Böschungswinkel α, β und γ. Kontrolliere deine Rechnungen mithilfe einer maßstabsgerechten Zeichnung.

16.

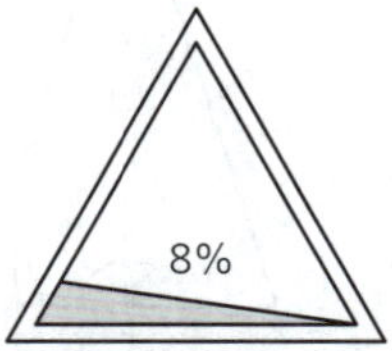

Das nebenstehende Schild warnt die Verkehrsteilnehmer vor einer Gefällestrecke. 8% Gefälle bedeutet, dass auf 100 m Horizontalentfernung ein Höhenunterschied von 8 m besteht. Berechne den Gefällewinkel.

4 Die allgemeine Sinusfunktion

Mit der Definition der Sinusfunktion im rechtwinkligen Dreieck kommt man in bestimmten Anwendungsbereichen nicht aus. Wir zeigen jetzt, wie man die Sinusfunktion im Einheitskreis zunächst für Winkel von 0° bis 360° definiert und später, wie man die allgemeine Sinusfunktion für beliebige Winkel gewinnt.

Nach der Definition im rechtwinkligen Dreieck gilt im Einheitskreis (siehe Bild):

$$\sin\alpha = \frac{\text{Länge der Gegenkathete}}{\text{Länge der Hypotenuse}} = \frac{\overline{KX}}{\overline{MK}} = \frac{\text{Ordinate von K}}{1}$$

Oder kürzer:

sin α = y-Wert des Kreispunktes K im Einheitskreis

Man lässt zu, dass der Kreispunkt K in den 2., 3. und 4. Quadranten des Einheitskreises wandert Damit ist die Sinusfunktion für alle Winkel von 0° bis 360° definiert.
Im nachfolgenden Bild ist an ausgewählten Lagen des Kreispunktes K gezeigt, wie man den Graph der Sinusfunktion entwickeln kann.

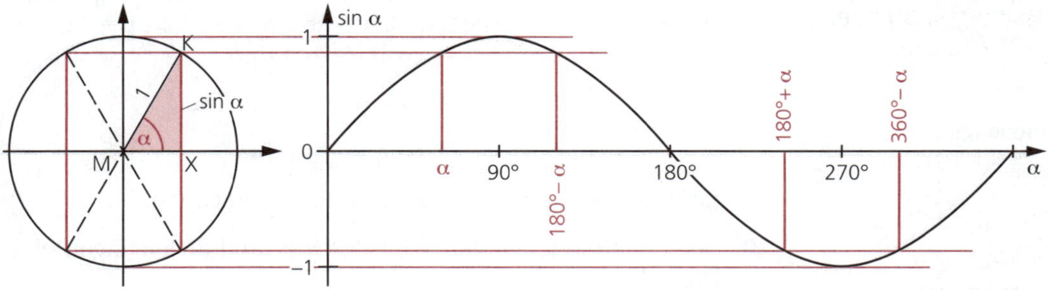

17. a) Zeichne den Graphen der Sinusfunktion. Wähle dabei auf der Rechtsachse eine Strecke der Länge 1 für den Winkel 60°.
b) Zeige, dass die Sinuskurve achsen- und punktsymmetrisch ist.

Übungsaufgaben

18. Erkläre, warum a) sin (180° – α) = sin α und
b) sin (180° + α) = sin (360° – α) = – sin α ist.

Die allgemeine Sinusfunktion erhält man, wenn man zulässt, dass der Kreispunkt K auch Winkel durchläuft, die größer als 360° bzw. kleiner als 0° sind. Den Graphen verlängert man sinngemäß (die erkannten Symmetrien beachtend) nach links und rechts.

Fakultatives Thema:
Du brauchst dieses Thema nur zu bearbeiten, wenn die Berechnung des allgemeinen Dreiecks im Unterricht behandelt wurde.

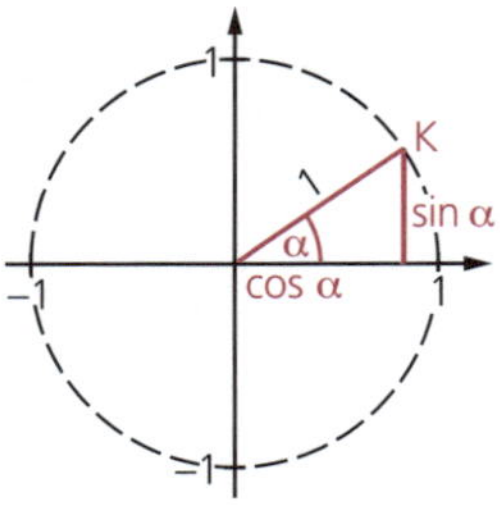

5 Die Berechnung des allgemeinen Dreiecks

Zusätzliches Wissen

1. Sinus- und Kosinuswerte für Winkel von 0° bis 180° (Siehe Bild auf dem Rand):
sin α = Länge der y-Koordinate des Punktes K im Einheitskreis
cos α = Länge der x-Koordinate des Punktes K im Einheitskreis

$\sin(180° - \alpha) = \sin\alpha$ **$\cos(180° - \alpha) = -\cos\alpha$**

2. Sätze zur Berechnung von Winkelgrößen und Seitenlängen im allgemeinen Dreieck:

Sinussatz: $\frac{a}{\sin\alpha} = \frac{b}{\sin\beta} = \frac{c}{\sin\gamma}$ Oder auch : $\frac{\sin\alpha}{\sin\beta} = \frac{a}{b}$

Kosinussatz: $a^2 = b^2 + c^2 - 2 \cdot b \cdot c \cdot \cos\alpha$
$b^2 = a^2 + c^2 - 2 \cdot a \cdot c \cdot \cos\beta$
$c^2 = a^2 + b^2 - 2 \cdot a \cdot b \cdot \cos\gamma$

Übungsaufgaben

19. Berechne die fehlenden Winkelgrößen und Seitenlängen eines Dreiecks ABC. Gegeben sind: a = 7,8 cm; α = 51,2°; β = 42,7°.
Ansätze: (1) $\frac{b}{\sin\beta} = \frac{a}{\sin\alpha} \Rightarrow b = \frac{a}{\sin\alpha} \cdot \sin\beta$
(2) $\gamma = 180° - \alpha - \beta$
(3) $\frac{b}{\sin\gamma} = \frac{a}{\sin\alpha} \Rightarrow c = \frac{a}{\sin\alpha} \cdot \sin\gamma$
Kontrolle: a mithilfe des Kosinussatzes berechnen.

Probefigur:

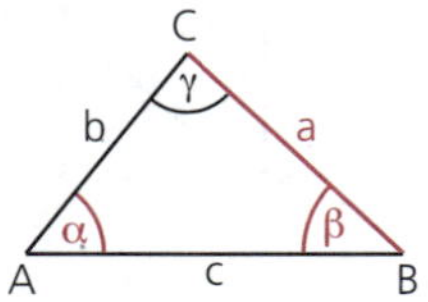

Jetzt wird trainiert

20. Berechne die fehlenden Winkelgrößen und Seitenlängen eines Dreiecks ABC. Gegeben sind:

a)	b)	c)	d)
c = 6,7 cm	b = 5,7 cm	a = 4,1 cm	a = 5,4 cm
α = 67,2°	β = 42,2°	b = 3,1 cm	b = 9,5 cm
γ = 57,8°	γ = 64,1°	α = 68,4°	β = 111,3°

21. *Probefigur:*

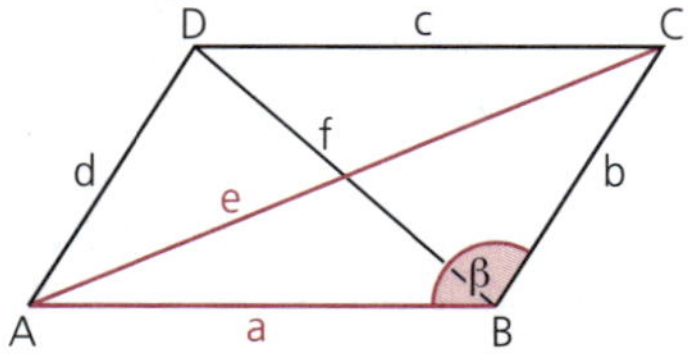

In einem Parallelogramm ABCD sind gegeben:
a = 5,4 cm; e = 7,8 cm;
β = 121,2°.
Berechne die Länge der Seite b und die Länge der Diagonalen f. Kontrolliere deine Rechnungen mithilfe einer Zeichnung.

22. Du kennst die Formel zur Berechnung des Flächeninhalts eines Dreiecks: $\mathbf{A_{Dreieck}} = \frac{g \cdot h}{2}$

Im nebenstehenden Dreieck gilt z. B.

$A = \frac{c \cdot h_c}{2}$ (∗).

Nun ist im linken Teildreieck

$\sin \alpha = \frac{h_c}{b}$ und $h_c = b \cdot \sin \alpha$.

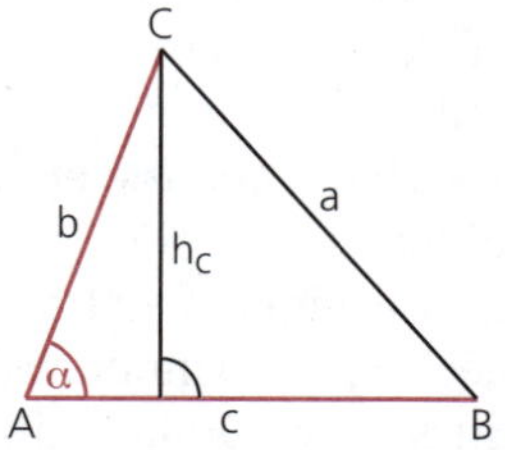

Ersetzt man in Gleichung (*) h_c durch $b \cdot \sin \alpha$, dann erhält man:

$A = \frac{c \cdot b \cdot \sin\alpha}{2}$

Leite entsprechende Flächeninhaltsformeln her, wenn a, c und β bzw. a, b und γ gegeben sind.

23. Berechne die fehlenden Winkelgrößen, Seitenlängen und den Flächeninhalt eines Dreiecks ABC. Gegeben sind:
a) a = 4,6 cm; c = 5,3 cm; β = 69,1°;
b) a = 5,4 cm; b = 6,6 cm; c = 8,0 cm.
Anleitung:
Hier liegt in a) wieder der Fall SWS und in b) der Fall SSS vor. In beiden Fällen hilft der Kosinussatz weiter:

Probefigur für 23 a)

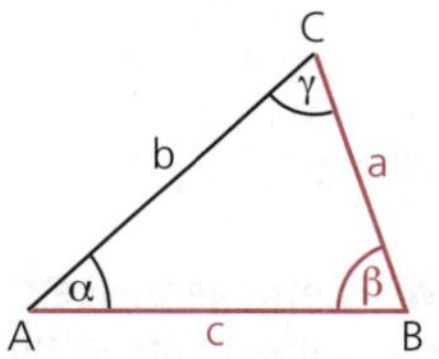

Ansätze für Aufgabe 23 a):

(1) $b^2 = a^2 + c^2 + 2 \cdot a \cdot c \cdot \cos \beta \Rightarrow b = \ldots$

(2) Nun kannst du wieder den einfacheren Sinussatz anwenden: $\frac{\sin \alpha}{a} = \frac{\sin \beta}{b} \Rightarrow \sin\alpha = \ldots \Rightarrow \alpha = \ldots$

(3) $\alpha = \ldots$ (4) $A = \ldots$

6 Aufgaben zur Leistungsüberprüfung

24. Herr U will die Höhe eines Turmes bestimmen. Dazu stellt er eine Leiter an (siehe Bild), die den Boden im Punkte B und die obere Turmkante im Punkte T berührt. Unten steht die Leiter 2,25 m vom Turm ab. Die Strecke $\overline{BT}$ misst 7,15 m.

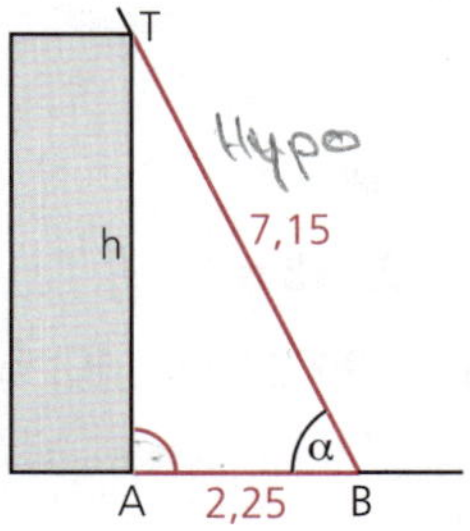

Bestimme den Anstellwinkel der Leiter und die Höhe des Turmes mit trigonometrischen Mitteln.

Kontrolliere deine Rechnung mithilfe des Pythagoreischen Lehrsatzes.

Musteraufgabe

Im Bild rechts ist das Wiesenstück von Bauer Hinrichs im Hinterbruch dargestellt (Längen sind in Metern angegeben). Das dreieckige Teilstück CDF hat er im letzten Monat zum Preise von 1,50 €/m² dazu gekauft.

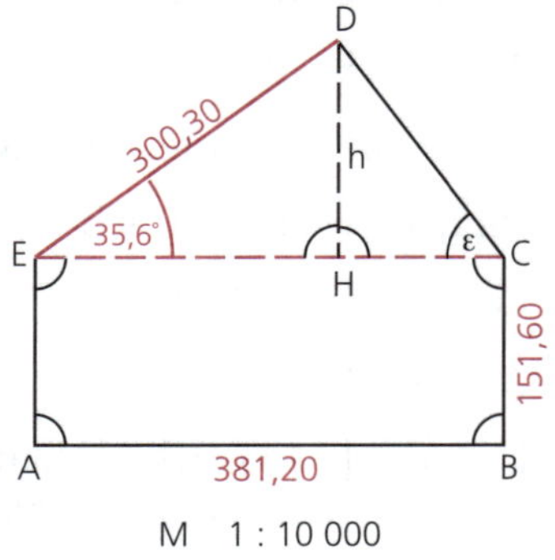

a) Wie viele € musste er dafür bezahlen?
b) Er will einen Elektrozaun um die Wiese spannen. Wie lang muss der Draht mindestens sein?
c) Für die Wiese werden Abgaben an den Wasser- und Bodenverband fällig, und zwar jährlich 11,00 € pro Hektar. Wie viele € muss Bauer Hinrichs für das gesamte Wiesenstück an den Verband zahlen?

Lösung:

Zwischenergebnisse sind auf so viele Stellen nach dem Komma angegeben, wie sie der Taschenrechner hergibt. So gehen sie auch in die weiteren Rechnungen ein, auf alle Fälle dann, wenn man mit Speichern arbeitet. Endergebnisse sind stets sinnvoll zu runden.

Strategie: Methode der Probefigur: Probefigur anlegen, Gegebenes hervorheben, Probefigur ergänzen, damit rechtwinklige Dreiecke entstehen. In den Teilfiguren die fehlenden Stücke berechnen.

a) Man muss den Flächeninhalt des Dreiecks CDE bestimmen.
Dazu ermittelt man zuerst die Länge von $\overline{DH}$ = h = Höhe auf $\overline{EC}$.

$\sin 35{,}6^\circ = \frac{h}{300{,}30\text{ m}} \Rightarrow h = 300{,}30\text{ m} \cdot \sin 35{,}6^\circ$

$h = 174{,}8115279\text{ m} \approx 174{,}81\text{ m}$

$A_{Dreieck} = \frac{g \cdot h}{2} = \frac{\overline{EC} \cdot h}{2} = \frac{381{,}20\text{ m} \cdot 174{,}81\text{ m}}{2}$

$= 33\,318{,}786\text{ m}^2 \approx 33\,319\text{ m}^2$

Kaufpreis $= 33\,319\text{ m}^2 \cdot 1{,}50\text{ €/m}^2 =$ **49 978,50 €**

b) Zur Bestimmung des Wiesenumfangs fehlt uns die Länge $\overline{CD}$. Sie liegt im rechten rechtwinkligen Teildreieck, von dem wir bis jetzt nur die Länge h kennen. Die Länge $\overline{HC}$ lässt sich jedoch bestimmen, wenn man vorher die Länge $\overline{EH}$ berechnet.

$\cos 35{,}6^\circ = \frac{\overline{EH}}{300{,}30m} \Rightarrow \overline{EH} = 244{,}1741585\text{ m}$

$\overline{HC} = 381{,}20\text{ m} - 244{,}1741585\text{ m} = 137{,}0258415\text{ m}$

$\tan \varepsilon = \frac{174{,}8115279\text{ m}}{137{,}0258415\text{ m}} = 1{,}275755916 \quad \varepsilon = 51{,}90891249^\circ$

$\sin \varepsilon = \frac{h}{\overline{CD}} \Rightarrow \overline{CD} = \frac{h}{\sin \epsilon} = \frac{174{,}8115279\text{ m}}{0{,}787030993} = \mathbf{222{,}12\text{ m}}$

$u_{Wiese} = 381{,}20\text{ m} + 151{,}60\text{ m} + 222{,}12\text{ m} + 300{,}30\text{ m} + 151{,}60\text{ m}$
$= \mathbf{1206{,}82\text{ m}}$

c) Das Wiesenstück setzt sich aus einer rechteckigen und einer dreieckigen Teilfläche zusammen, also:
A_{Wiese} = $A_{Rechteck} + A_{Dreieck}$ = 57 789,92 m² + 33 318,786 m²
= 91 108,706 m² = **9,1109 ha**
Abgaben = 9,1109 ha · 11,00 €/ha = **100,22 €**.

Antworten: a) Das dreieckige Teilstück kostete 49 978,50 €.
b) Zum Einzäunen braucht Bauer Hinrichs mindestens 1207 m Elektrozaun-Draht.
c) An den Wasser- und Bodenverband zahlt er jährlich 100,22 €.

25.

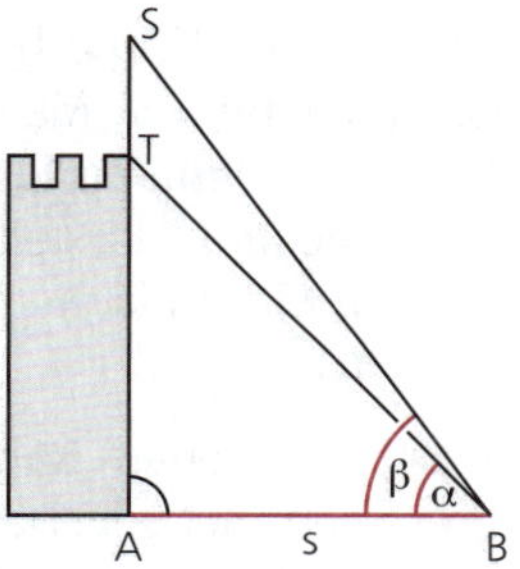

Auf einem Turm befindet sich eine Antennenanlage, deren Länge bestimmt werden soll.
Gemessen wurden eine waagerechte Standlinie $\overline{AB}$ = s = 54,36 m und die Erhebungswinkel α = 32,4° und β = 37,4° (siehe Bild).

26.

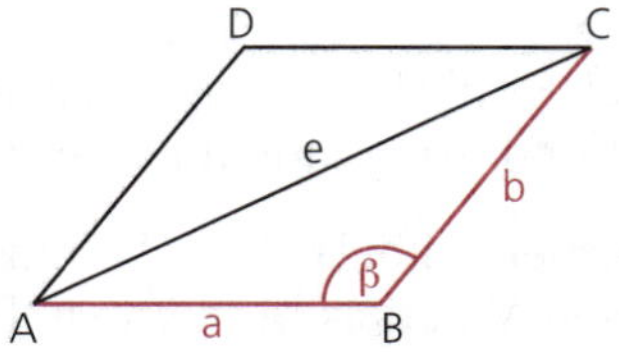

In einem Parallelogramm ABCD sind a = 4,2 cm, b = 3,2 cm und β = 122,5° gegeben.
Berechne die Längen der Diagonalen e und f und den Flächeninhalt des Parallelogramms.

Unser Tipp:
Ergänze die Probefigur um die Höhe von C auf die Verlängerung von $\overline{AB}$.

27.

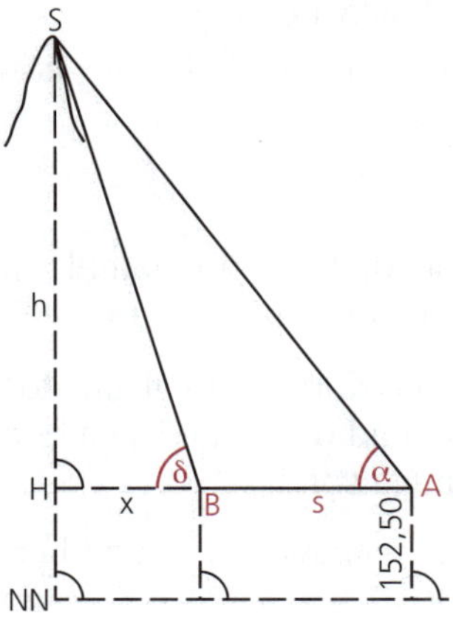

Um die Höhe des Hausberges zu bestimmen, wurden auf einem waagerechten Gelände im Tal eine Standlinie s = $\overline{AB}$ = 250,00 m bestimmt, die genau auf den Fuß des Berges zuläuft. Außerdem wurden die Erhebungswinkel α = 38,92° und δ = 50,67° gemessen (siehe Bild). Die Standlinie liegt 152,50 m über NN.
Anleitung: Bilde tan α und tan δ und löse dann 2 Gleichungen mit zwei Variablen.

F Pyramide, Kegel, Kugel

INFO

Was du können musst:

1. Eine Pyramide mithilfe der Begriffe Grundfläche, Grundkante, Körperhöhe, Seitenhöhe beschreiben. Die Oberfläche (oder Teile davon) und das Volumen berechnen. Eine Pyramide im Schrägbild oder in Zweitafelprojektion darstellen, Körperschnitte einzeichnen. Das Netz einer Pyramide zeichnen.
2. Einen Kegel mithilfe der Begriffe Grundfläche, Körperhöhe und Mantellinie beschreiben. Die Grundfläche, die Mantelfläche, die Oberfläche und das Volumen berechnen. Einen Kegel im Schrägbild oder in Zweitafelprojektion darstellen, ausgewählte Körperschnitte senkrecht zur Grundfläche einzeichnen. Das Netz eines Kegels zeichnen.
3. Eine Kugel im Schrägbild darstellen. Bei gegebenem Radius die Oberfläche und das Volumen berechnen. Bei gegebener Oberfläche bzw. bei gegebenem Volumen den Kugelradius berechnen.
4. Zusammengesetze Körper (auch Hohlkörper) darstellen, ihre Oberfläche (bzw. Teile davon) und ihr Volumen berechnen.
5. Das Gewicht ausgewählter Körper mithilfe ihres Volumens und der Dichte des verwendeten Materials bestimmen. Den Materialverbrauch und die Kosten für das Beschichten oder Anstreichen von ausgewählten Teilflächen berechnen.

In den Aufgaben können auch einfache Körper (Würfel, Prismen oder Zylinder) auftreten.

1 Pyramiden

Grundlagentest

(45 Minuten)

T 1 Zeichne das Schrägbild einer quadratischen Pyramide mit der Grundkantenlänge 5 cm und der Körperhöhe 4 cm.

T 2 Zeichne in dieses Schrägbild einen Körperschnitt ein, der senkrecht zur Grundfläche G verläuft und die Höhe h_a einer Seitenfläche enthält. Berechne die Länge von h_a.

T 3 Zeichne das Netz der Pyramide im Maßstab 1 : 2 und berechne die Größe ihrer Mantelfläche M.

Du erinnerst dich:
Masse
= Volumen · Dichte
kurz: $m = V \cdot \rho$

T 4 Diese quadratische Pyramide wird aus Gelb-Messing gegossen. Wie schwer ist sie?
Dichte ρ (Messing, gelb) = $8,5\,\frac{g}{cm^3}$

Übungsaufgaben

Jetzt wird trainiert

1. Gegeben ist die Länge der Grundkante a (4 cm) und die Höhe h (3,5 cm) einer quadratischen Pyramide.
   a) Zeichne zunächst das Schrägbild der Pyramide. Lege in dieses Schrägbild einen Körperschnitt, der die Körperhöhe h und zwei gegenüber liegende Seitenkanten s enthält.
   b) Berechne die Länge einer Seitenkante s.

2. Berechne die Mantelfläche M und das Volumen V einer quadratischen Pyramide.
   a) Gegeben sind: a = 6 cm, h = 10 cm.
   b) Gegeben sind: a = 5 cm, s = 9 cm.

3. Für das Volumen einer rechteckigen Pyramide gilt: $V = \frac{1}{3} \cdot a \cdot b \cdot h$
   a) Löse diese Formel nach jeder Variablen auf.
   b) Wie verändert sich das Volumen, wenn die Länge jeder Grundkante verdoppelt wird?
   c) Wie verändert sich das Volumen, wenn die Länge der Höhe verdoppelt wird?

4. Eine Pyramide ist 5 cm hoch und hat eine rechteckige Grundfläche, die 6 cm lang und 4 cm breit ist.
   a) Zeichne das Schrägbild dieser Pyramide.
   b) Berechne die Größe der Oberfläche O.

5. Eine quadratische Pyramide mit einer Grundkante von 8 cm hat ein Volumen von 192 cm^3. Berechne die Größe der Oberfläche O.

6. Gegeben sind diese beiden quadratischen Pyramiden P_1 und P_2. Berechne die Größen der Mantelfläche M beider Pyramiden.

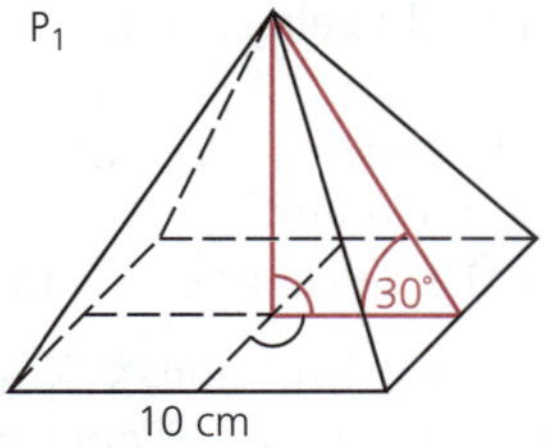

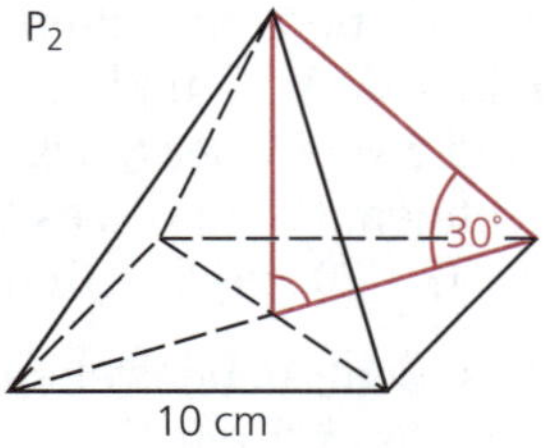

7. Untersuche eine regelmäßige sechsseitige Pyramide mit den Grundkanten a = 3 cm und der Körperhöhe h = 6 cm.
   a) Zeichne zunächst ein Netz dieser Pyramide.
   b) Berechne das Volumen V dieser Pyramide.
   c) Berechne den Flächeninhalt M ihres Mantels.

Tipp: Die Grundfläche der sechsseitigen Pyramide ist ein regelmäßiges Sechseck. Dieses besteht aus sechs gleichseitigen Dreiecken.

2 Kegel

Grundlagentest

(60 Minuten)

T 1 Zeichne das Schrägbild eines Kegels. Zeichne dann ein rechtwinkliges Dreieck hinein, das aus der Körperhöhe h, dem Radius r und der Mantellinie s besteht.

T 2 Von einem Kegel sind gegeben: $r = 2\,cm$, $h = 6\,cm$.
a) Berechne die Länge s einer Mantellinie.
b) Berechne den Flächeninhalt des Kegelmantels.
c) Berechne das Volumen des Kegels.

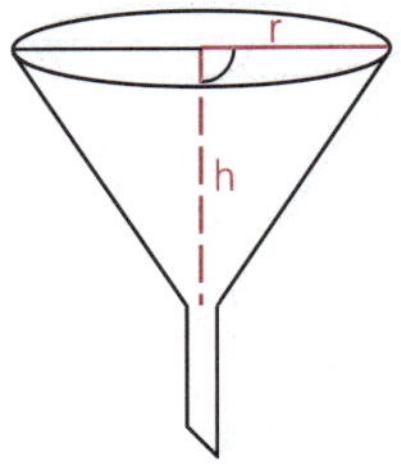

T 3 Einen Trichter kann man näherungsweise als Kegel auffassen (siehe Bild). Ein solcher Trichter soll (ohne Auslauftülle) 1 Liter fassen. Der Durchmesser der Öffnung ($d = 2r$) und die Trichtertiefe (h) sollen gleich lang sein.
a) Welche Längen haben d und h?
b) Wie lang ist eine Mantellinie s?

T 4 Skizziere das Schrägbild und das Netz eines Kegels, dessen Höhe und Durchmesser gleich lang sind.

Übungsaufgaben

Jetzt wird trainiert

8. Wie für Pyramiden gilt auch für Kegel: $V = \frac{1}{3} \cdot G \cdot h$
Leite daraus die spezielle Volumenformel für Kegel her.

9. Berechne die Größe der Mantelfläche M und die Größe der Oberfläche O der beiden folgenden Kegel:
a) $r = 5\,cm$; $s = 6\,cm$ b) $r = 5\,cm$; $h = 6\,cm$

10. Zu den berechenbaren Stücken eines Kegels zählen:
r, h, s, G, M, O und V.
Sind zwei dieser Stücke gegeben, lassen sich die anderen berechnen. Führe dieses für folgende Fälle aus.
a) $G = 20\,cm^2$; $h = 6\,cm$ b) $M = 150\,cm^2$; $s = 7\,cm$

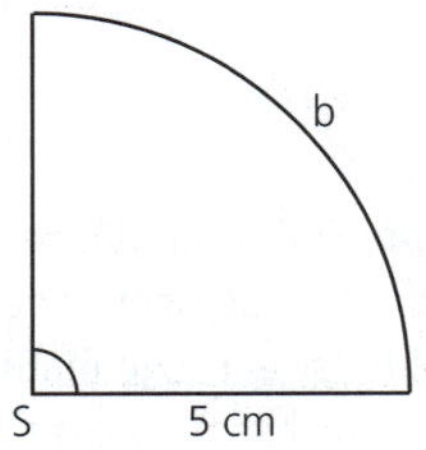

11. Aus dem nebenstehendem Blech in Form eines Kreisausschnitts soll ein Kegelmantel gebogen werden. Dabei wird S die Spitze des Kegels.
Berechne den Radius r und das Volumen V des entstehenden Kegels.

3 Kugeln

Grundlagentest

(30 Minuten)

Eigentlich leicht zu merken:

$O_{Kugel} = 4 \cdot \pi \cdot r$

$V_{Kugel} = \frac{4}{3} \cdot \pi \cdot r$

2

3

T 1 Berechne die Oberfläche und das Volumen einer Kugel.
Gegeben sind: a) d = 10 cm, b) r = 6370 km (Erde).

T 2 Vergleiche zwei Kugeln miteinander. Kugel K_1 hat den Radius 5 cm, Kugel K_2 den Radius 10 cm. In welchem Verhältnis stehen
a) die Oberflächen,
b) die Volumen der beiden Kugeln?
Begründe deine Antworten.

T 3 Berechne das Volumen der Außenschicht einer Hohlkugel, die einen äußeren Durchmesser d_a = 0,45 m und einen inneren Durchmesser d_i = 0,40 m hat.

Übungsaufgaben

Jetzt wird trainiert

12. Die Marmorkugel im Eingangsbereichs der Fachschule für Steinmetze in Königslutter hat einen Durchmesser von 1 m.
a) Berechne die Größe der Oberfläche O dieser Kugel.
b) Wie schwer ist diese Marmorkugel (ρ (Marmor) = 2,75 $\frac{g}{cm^3}$)

13. Eine Kugel hat ein Volumen von 500 cm^3. Welche Größe hat die Oberfläche O dieser Kugel?

14. Ein Handball für Herren hat eine Oberfläche von 1100 cm^2. Berechne das Volumen dieses Balls.

15. Von einem kugelförmigen Gasbehälter sind bekannt:
Außenradius r_a = 10,05 m und Innenradius r_i = 10,00 m.
a) Welches Fassungsvermögen hat der Gasbehälter?
b) Wie groß ist die zu streichende Außenfläche des Gasbehälters?
c) Welches Volumen hat die Außenschicht (Hülle) des Behälters?

16. In der Technik wird häufig mit dem Durchmesser d anstelle des Radius r gerechnet. Wie lauten die Volumenformel und die Oberflächenformel der Kugel, wenn d verwendet wird?

17. Wie viele Bleikugeln mit einem Durchmesser von 1 mm muss man einschmelzen, um eine Bleikugel mit einem Durchmesser von 1 cm zu erhalten?

18. Der Durchmesser eines Fußballs ist elfmal so groß wie der Durchmesser eines Tischtennisballs. Vergleiche ihre Volumen.

Vermischte Übungen

19. Kathi und Tina schätzen Gewichte. Vor ihnen liegen 4 kleine quadratische Pyramiden aus Eichenholz (a = h = 50 mm), aus Granit (a = h = 40 mm), aus Messing (a = h = 30 mm) und aus Silber (a = h = 25 mm).
Gewonnen hat, wer als erste sagt, welches die schwerste Pyramide ist. Kathi meint, das sei die Steinpyramide. Tina hält die Silberpyramide für die schwerste. Wer hat Recht?

ρ(Eichenholz) = 0,7 $\frac{g}{cm^3}$, ρ(Granit) = 2,7 $\frac{g}{cm^3}$,

ρ(Messing) = 8,5 $\frac{g}{cm^3}$, ρ(Silber) = 10,5 $\frac{g}{cm^3}$)

20. Im nebenstehenden Bild sind einem Quadrat ein Kreis und ein Dreieck einbeschrieben. Diese Figur war auf dem Grabmal des bedeutenden griechischen Mathematikers *Archimedes* (287–212 v. Chr.) angebracht. Wir haben zusätzlich eine Achse s eingezeichnet.

a) Welche Körper entstehen jeweils, wenn das Quadrat, der Kreis, das Dreieck um s rotieren?
b) Nenne die Länge einer halben Quadratseite r. Berechne die Volumen der drei Rotationskörper.
c) Berechne das Verhältnis von $V_{Kegel} : V_{Kugel} : V_{Zylinder}$.

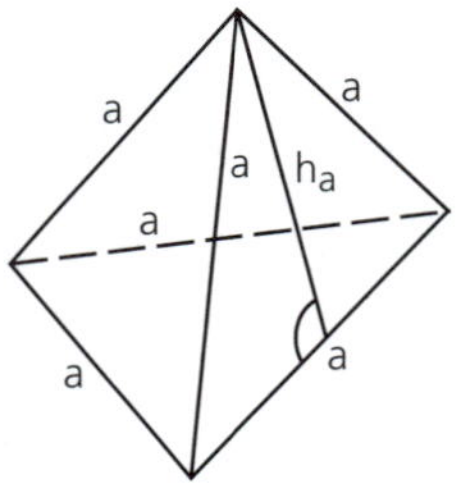

21. Eine dreiseitige Pyramide mit gleich langen Kanten heißt *Tetraeder.*

a) Zeichne das Netz eines Tetraeders.
b) Berechne die Oberfläche O eines Tetraeders mit der Kantenlänge a = 10 cm.

22. Gegeben sind eine quadratische Pyramide und ein Kegel. Beide haben die gleiche Höhe und das gleiche Volumen.
Wie groß ist der Radius r des Kegels im Vergleich zur Kantenlänge a der quadratischen Pyramide?

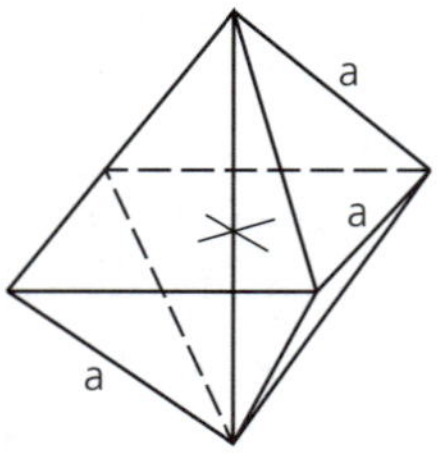

23. Legt man zwei kongruente quadratische Pyramiden, die gleich lange Kanten haben, mit ihren Grundflächen aufeinander, so entsteht ein *Oktaeder.*

a) Entwickle eine Formel zur Berechnung der Oberfläche O dieses Körpers.
b) Berechne die Größe des Volumens V eines Oktaeders, dessen Seitenkante 5 cm lang ist.

24. Christa ist Hobbytischlerin. Aus einem Holzwürfel mit einer Kantenlänge von 15 cm stellt sie auf ihrer Drehbank die größtmögliche Holzkugel her.

a) Berechne das Volumen der entstandenen Holzkugel.
b) Wie viel % des Holzwürfels werden zu Holzspänen?

4 Aufgaben zur Leistungsüberprüfung

Musteraufgabe

Zusammengesetzte Körper

Aus einem Aluminiumwürfel mit einer Kantenlänge a von 10,0 cm (ρ(Aluminium) = 2,7 $\frac{g}{cm^3}$) werden zwei gleich große kegelförmige Hohlräume gefräst (siehe die nebenstehende Zweitafelprojektion).

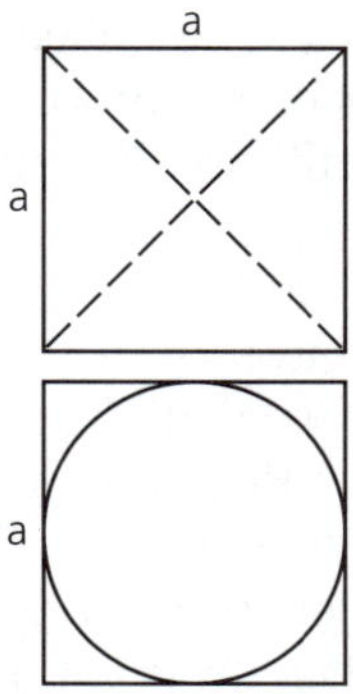

a) Berechne das Gewicht des entstandenen Restkörpers in kg.
b) Wie viel % des Würfelvolumens sind Abfall beim Fräsen?
c) Entwickle eine Formel zur Berechnung der Oberfläche O des Restkörpers.

Lösung:

Strategie: Die für die Körperberechnungen typischen Hilfen einsetzen: Ein Schrägbild des Körpers zeichnen und sich daran orientieren; Formeln für Volumen und Oberfläche der Einzelkörper notieren; dann erst mit den Berechnungen beginnen.

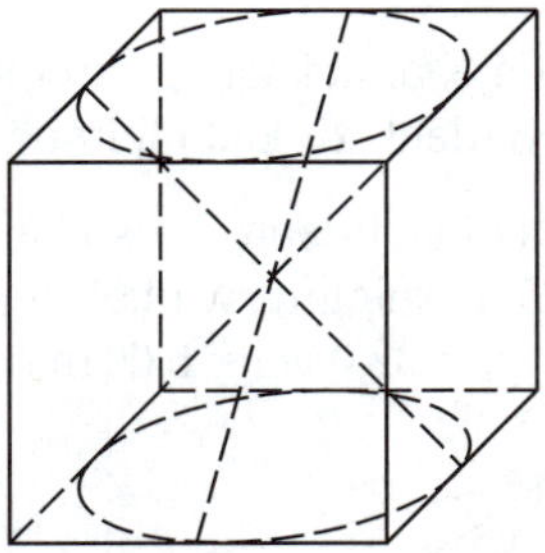

$V_{Würfel} = a^3$

$O_{Würfel} = 6 \cdot a^2$

$V_{Kegel} = \frac{1}{3} \cdot r^2 \cdot \pi \cdot h$

$O_{Kegel} = \pi \cdot r \cdot s + \pi \cdot r^2$

a) Der Restkörper entsteht dadurch, dass aus dem Würfel zwei Kegel herausgefräst werden, also

$$\begin{aligned} V_{Restkörper} &= V_{Würfel} - 2 \cdot V_{Kegel} \\ &= a^3 - 2 \cdot \tfrac{1}{3} \cdot r^2 \cdot \pi \cdot h = 10^3\,cm^3 - 2 \cdot \tfrac{1}{3} \cdot 5^2 \cdot \pi \cdot 5\,cm^3 \\ &= 1000\,cm^3 - \tfrac{250}{3} \cdot \pi\,cm^3 \\ &= 738{,}201\,cm^3 \end{aligned}$$

Nun kannst du die Masse m dieses Restkörpers berechnen:
$m = V \cdot \rho = 738{,}201\ cm^3 \cdot 2{,}7\ \frac{g}{cm^3} = 1\,993{,}14\ g$
Der Restkörper wiegt also 1,993 kg.

b) Zunächst berechnest du die Abfallmenge V_A:
$V_A = V_W - V_R = 1000\ cm^3 - 738{,}201\ cm^3 = 261{,}799\ cm^3$
Da nach dem prozentualen Anteil des Abfalls vom Würfel gefragt ist, weißt du, dass das Würfelvolumen der Grundwert ist; damit gilt:
Grundwert = V_W = $1000\ cm^3$
Prozentwert = V_A = $261{,}799\ cm^3$
Somit werden 26,2 % des Aluminiumwürfels zu Abfall.

$p = \frac{261{,}799 \cdot 100}{1000} = 26{,}2 \Rightarrow$
$p\% = 26{,}2\%$

c) Für die Berechnung der Oberfläche O_R des Restkörpers ist das Schrägbild wieder sehr hilfreich. Du erkennst: O_R besteht aus der Oberfläche des Würfels, aus der zwei Kreisflächen A_K „ausgeschnitten" wurden. Hinzu kommen noch die Mantelflächen M_K der beiden herausgefrästen Kegel. Also kannst du notieren:
$O_R = O_W - 2 \cdot A_K + 2 \cdot M_K$
$O_R = 6 \cdot a^2 - 2 \cdot r^2 \cdot \pi + 2 \cdot r \cdot s \cdot \pi$
$O_R = 6 \cdot a^2 - 2 \cdot (\frac{a}{2})^2 \cdot \pi + 2 \cdot \frac{a}{2} \cdot s \cdot \pi$
$O_R = 6 \cdot a^2 - \frac{a^2}{2} \cdot \pi + a \cdot s \cdot \pi$

Auch eine Skizze des Netzes kann hilfreich sein:

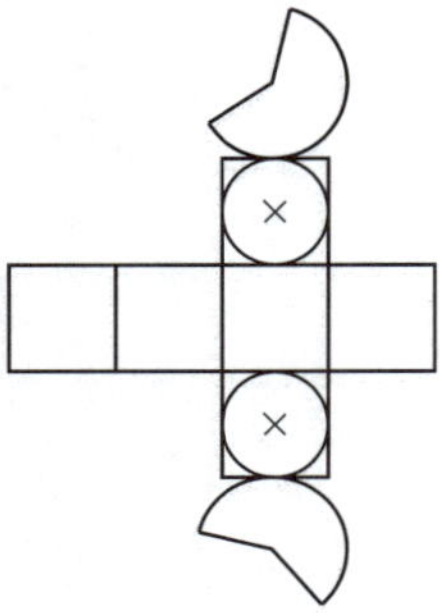

Skizze zu 25:

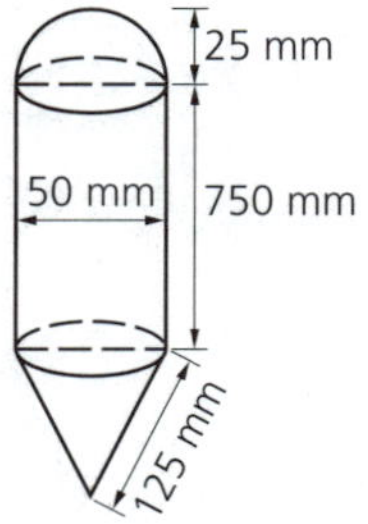

25. Für eine Ausstellung sollen insgesamt 75 spezielle Messingpfosten (siehe Schrägbild auf dem Rand) hergestellt werden.
a) Wie viel Messing (ρ(Messing) = $8{,}4\ \frac{g}{cm^3}$) wird zum Gießen der Pfosten benötigt?
b) Jeder Pfosten soll mit einer speziellen Klarlackschicht überzogen werden. Für wie viele m^2 ist Klarlack zu kalkulieren?

26. Familie Norden hat sich entschieden, das Flachdach ihres Hauses durch ein Walmdach zu ersetzen. Der Neigungswinkel des Daches ist von allen Seiten gleich groß ($\alpha = 32{,}0°$; $a = 6{,}00\ m$)

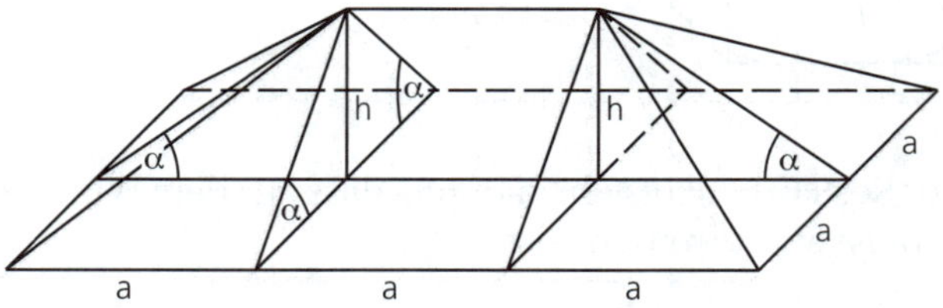

a) Berechne den umbauten Raum des Daches.
b) Wie viel m^2 Ziegel werden zum Eindecken des Walmdachs benötigt?

Umbauter Raum: Raumvolumen unter dem Dach

Anwendungen

Musteraufgabe

ρ (Beton) = $2{,}4\ \frac{g}{cm^3}$
ρ (Baustahl) = $7{,}8\ \frac{g}{cm^3}$

Für eine Lärmschutzwand werden 100 Betonpfeiler benötigt. Diese Pfeiler haben die Form einer quadratischen Säule mit einer aufgesetzten quadratischen Pyramide. Die quadratische Säule hat eine Grundfläche G von 441 cm^2 und eine Höhe von 2,10 m; die aufgesetzte Pyramide hat die gleiche Grundfläche G und eine Seitenkante s von 25 cm.

a) Skizziere ein Schrägbild dieses Betonpfeilers und trage die gegebenen Maße ein.
b) Berechne das Volumen eines Pfeilers.
c) Zur Verstärkung werden in jeden Pfeiler 15 m Baustahl (∅ 12,5 mm) eingebaut. Wie viele t Baustahl werden insgesamt benötigt?
d) Zum Transport der Pfeiler wird ein LKW mit einer Tragfähigkeit von 7,5 t eingesetzt. Wie viele Fahrten sind notwendig?

Strategie: Sachsituation Schritt für Schritt analysieren – Methode des Nacheinander anwenden. Dabei genau den Anweisungen des Textes folgen, Skizzen zeichnen und sich daran orientieren.

Lösung:

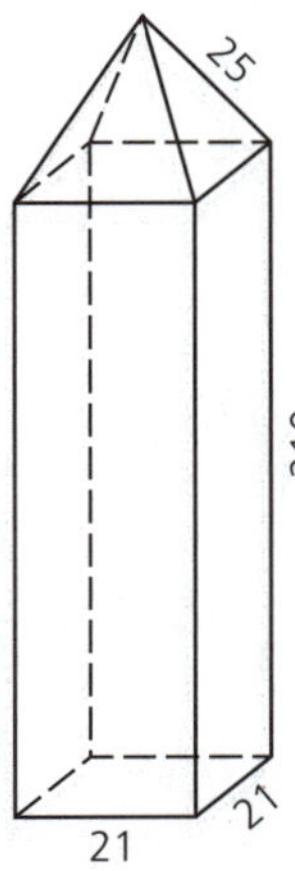

a) Fertige ein Schrägbild des Pfeilers in Kavalierperspektive an. Da nur eine Skizze verlangt ist, brauchst du keinen Maßstab zu beachten. Eine solche Skizze siehst du auf dem Rand. Aus der gegebenen quadratischen Grundfläche kannst du die Kantenlänge a berechnen: $a^2 = 441\ cm^2 \Rightarrow a = 21\ cm$.
Rechne dann alle gegebenen Längengrößen in cm um und ergänze diese in der Skizze.
b) (1) Zunächst berechnest du mithilfe der Grundflächendiagonale d die Höhe h_{Py} der aufgesetzten Pyramide (Satz des Pythagoras). Falls du beim Aufstellen der beiden Gleichungen Schwierigkeiten hast, helfen dir Skizzen mit den entsprechenden Teildreiecken weiter:

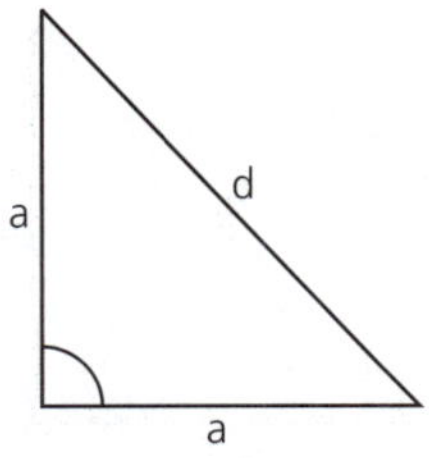

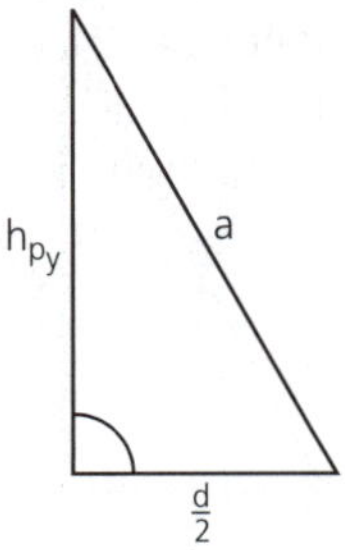

(2) Du weißt: $d^2 = a^2 + a^2$ und $h_{Py}^2 = s^2 - \left(\frac{d}{2}\right)^2$
also: $d = 29{,}698\,\text{cm}$ und $h_{Py} = 20{,}112\,\text{cm}$

(3) Nun kannst du das Gesamtvolumen V_G des Pfeilers berechnen:

$$V_G = V_{Säule} + V_{Pyramide} = G \cdot h_{Säule} + \frac{1}{3} \cdot G \cdot h_{Pyramide}$$
$$= 441\,\text{cm}^2 \cdot 210\,\text{cm} + \frac{1}{3} \cdot 441\,\text{cm}^2 \cdot 20{,}112\,\text{cm}$$
$$= 95\,566{,}491\,\text{cm}^3$$

c) Benötigter Baustahl für einen Pfeiler:

$$V_{Baustahl} = G \cdot h = \pi \cdot r^2 \cdot h$$
$$= \pi \cdot \left(\frac{1{,}25}{2}\right)^2 \text{cm}^2 \cdot 1500\,\text{cm} = 1840{,}777\,\text{cm}^3$$
$$m_{Baustahl} = V_{Baustahl} \cdot \rho\ (\text{Baustahl})$$
$$= 1840{,}777\,\text{cm}^3 \cdot 7{,}8\,\frac{\text{g}}{\text{cm}^3}$$
$$= 14\,358{,}060\,\text{g} = 14{,}358\,\text{kg}$$

Antwort: Für die Herstellung der 100 Pfeiler sind insgesamt 1,436 t Baustahl nötig.

d) Du weißt nun immer noch nicht, welche Masse ein Pfeiler hat. Diese Masse wird aber benötigt, um die Anzahl der LKW-Fahrten für den Transport aller Pfeiler zu berechnen.
Bekannt sind dir bisher:
(1) Volumen eines Pfeilers: $95\,566{,}491\,\text{cm}^3$
(2) Volumen des darin enthaltenen Baustahls: $1840{,}777\,\text{cm}^3$
(3) Masse des Baustahls pro Pfeiler: 14,358 kg
(4) Es fehlen dir demnach noch das Volumen und die Masse des in einem Pfeiler enthaltenen Betons.

$$V_{Beton} = V_G - V_{Baustahl} = 95\,566{,}491\,\text{cm}^3 - 1840{,}777\,\text{cm}^3$$
$$= 93\,725{,}714\,\text{cm}^3$$
$$m_{Beton} = V_{Beton} \cdot \rho\ (\text{Beton})$$
$$= 93\,725{,}714\,\text{cm}^3 \cdot 2{,}4\,\frac{\text{g}}{\text{cm}^3}$$
$$= 224\,941{,}710\,\text{g} = 224{,}942\,\text{kg}$$

(5) Jeder Pfeiler hat eine Masse von insgesamt 239,300 kg, denn er besteht aus 14,358 kg Stahl und 224,942 kg Beton. Somit wiegen die 100 Pfeiler ca. 24 t.

Antwort: Da der LKW nur 7,5 t zuladen darf, sind 4 Fahrten zum Transport aller 100 Pfeiler notwendig.

27. Zur Zeit wird an der 4. Röhre des Hamburger Elbtunnels gebaut. Beim Vortrieb des Tunnels kam T.R.U.D.E. (**T**ief **R**unter **U**nter **D**ie **E**lbe), die größte Tunnelbohrmaschine der Welt, zum Einsatz. Diese Maschine schnitt den Tunnel mit einem kreisförmigen Querschnitt (⌀ 14,20 m) durch den Untergrund der Elbe.

a) Wie viele m^3 Gestein mussten für den 2561 m langen Tunnel aus dem Untergrund der Elbe geschnitten werden?
Gib das Ergebnis in Zehnerpotenzschreibweise an.

b) Der Aushub wurde in ein 9 m tiefes Hafenbecken mit einer Grundfläche von 280 m mal 200 m gebracht.
Wie hoch war das Becken zum Schluss gefüllt? Berücksichtige eine Volumenvergrößerung von 15% durch die Gesteinsauflockerung.

c) Zur Stabilisierung des Tunnels wurde die gebohrte Tunnelröhre mit einer 80 cm starken Betonwandung ausgekleidet. Wie viele t Beton waren für die Auskleidung des gesamten Tunnels notwendig ?

Spezialbeton:
ρ (Beton) = 2,55 $\frac{g}{cm^3}$

28. Am 14. Mai 2000 fand in Nordrhein-Westfalen eine Landtagswahl statt. Diese Wahl hatte folgendes Ergebnis:

Partei	% der gültigen Stimmen	Stimmen	Sitze
SPD	42,8		102
CDU	37,0		88
F.D.P.	9,8		24
GRÜNE	7,1		17
Sonstige	3,3		
Gesamt	100,0	7 309 182	231

a) Berechne, wie viele Stimmen die einzelnen Parteien erhielten.

b) Stelle die Stimmenverteilung für die einzelnen Parteien mithilfe von Kegeln dar, die jeweils gleiche Grundflächen mit einem Durchmesser von 5 cm haben.

c) Zeichne für die Sitzverteilung ein dreidimensionales Kreisdiagramm („Tortendiagramm“) mit h = 1 cm und r = 5 cm in Kavalierperspektive.

Körperberechnung einmal ganz anders!

G Beispiele für Überprüfungsarbeiten

Prüfung 1

Bearbeitungszeit: 120 Minuten

1. Forme um: a) $2^2 \cdot 2^3 \cdot 2^4$ b) $x^{n+1} \cdot x^0 \cdot x^{n-1}$
c) $3^8 : 3^6$ d) $(x^{10})^0 \cdot y^0$ e) $10^{-2} \cdot 10^{-3} \cdot 10^4$

2. Schreibe mithilfe von Zehnerpotenzen a) 12 Millionen, b) 0,00013.

3. a) Wie viel Prozent sind 22 360 € von 76 140 € ? Runde auf eine Stelle nach dem Komma.
b) Was ist mehr: 4,9% von 13 000 € oder 5,4% von 12 000 €?

4. a) Zeichne den Graphen zu $y = x^2 - 4x - 5$ im Intervall von –2 bis +6 in ein Achsenkreuz. Welche Nullstellen besitzt die Funktion? Begründe und kontrolliere deine Antwort.
b) Verschiebe die in a) gezeichnete Parabel um eine Einheit nach oben. Welche Funktionsgleichung gehört zu der neuen Parabel? Begründe deine Antwort.

Bei der Raketenaufgabe bleiben der Luftwiderstand, die Erdkrümmung und die der Höhe nach abnehmende Gravitationskraft unberücksichtigt.

Diese physikalischen Erscheinungen beeinflussen das Ergebnis, allerdings in einem nur geringen Ausmaße.

Du erhältst also Näherungswerte. Gib deshalb die Antworten in b) auf Meter und in c) auf Kilometer genau an.

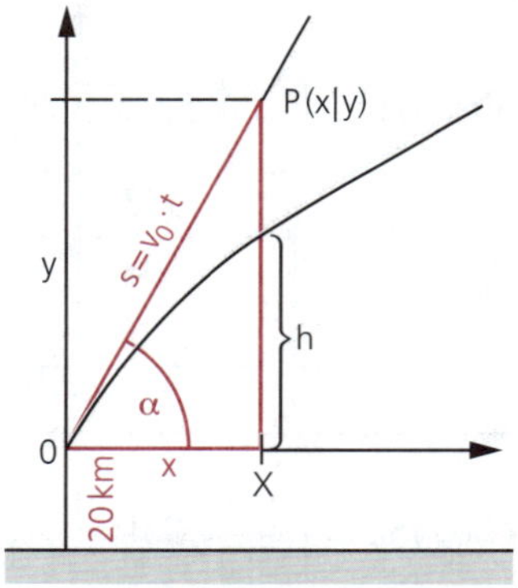

5. Nach dem Start hat eine Rakete im Punkt O (20 km über NN) eine Geschwindigkeit $v_0 = 2000$ m/s erreicht. Ab O hat die Rakete jetzt eine parabelförmige Flugbahn.
Wenn jedoch keine Gravitationskraft wirken würde, flöge die Rakete ab O auf gerader Bahn in den Himmel. Sie würde in t Sekunden den Weg $s = v_0 \cdot t$ zurücklegen. Nimm an, der Winkel α sei 60° groß.

a) Zerlegt man die theoretische gerade Bahn in die Komponenten x und y (siehe Bild), dann ist der Weg über Grund $x = \cos\alpha \cdot v_0 \cdot t$. Leite diese Gleichung mithilfe des rechtwinkligen Dreiecks OXP her. Leite eine Gleichung für y her.
b) Die Erdanziehung bewirkt jedoch, dass die wirkliche Flughöhe h kleiner als y ist. Es gilt: $h = \sin\alpha \cdot v_0 \cdot t - \frac{g}{2} \cdot t^2$ ($g = 9{,}81\ \frac{m}{s^2}$). Berechne, welche Höhe über NN die Rakete nach (1) 150 Sekunden, (2) 175 Sekunden und (3) 200 Sekunden erreicht hat.
c) Bestätige durch eine Einschachtelung, dass der höchste Punkt der Flugbahn nach 176,6 Sekunden erreicht wird. Jetzt wird die 2. Stufe des Antriebs gezündet und die Rakete in dieser Höhe in eine Erdumlaufbahn gebracht. Der mitgeführte Satellit wird abgekoppelt. In welcher Höhe umkreist er die Erde?

Prüfung 2

Bearbeitungszeit: 120 Minuten

1. Multipliziere aus: a) $2x(3x^2 - 4x + 5)$ b) $x^{-3}(x^3 + x^4 - x^5)$
c) $(x + 3) \cdot (x - 2)$ d) $(3x + 4)^2$ e) $(x^3 + 2x^2 + 3x) \cdot 4x$

2. Klammere aus und forme gegebenenfalls um:
a) $2a^4 + 4a^3 - 6a^2$ b) $4a^3 - 8a^2b + 4ab^2$ c) $\frac{a^4-a^2b^2}{a^3-a^2b}$

3. Ingolf kauft 10 000 US-$ zu einem Kurse von 1,2825 € pro US-$. Ein Jahr später verkauft er den Dollarbetrag zu einem Kurse von 1,2075 € pro US-$. Wie hoch war sein Verlust in %?

4. Berechne den Benzinverbrauch (in Litern/100 km) von Maritas neuem Auto. Beim Tachostand 00380,0 füllt sie den Tank voll. Ab jetzt sammelt sie alle Tankbelege, die folgende Benzinmengen ausweisen: 38,4 *l*, 42,6 *l*, 38,5 *l*, 17,3 *l*, 22,6 *l*, 29,3 *l*, 43,7 *l*. Nach dem letzten Tanken steht das Tachometer auf 03810,0.

5.

(1)

x	y
0	2,40
1	3,65
2	4,90
3	6,15
4	7,40
5	8,65

(2)

x	y
0	10,00
1	8,25
2	6,50
3	4,75
4	3,00
5	1,25

(3)

x	y
0	2,0000
1	2,5000
2	3,1250
3	3,9063 *)
4	4,8828 *)
5	6,1035 *)

*) = gerundete Zahlen

a) Untersuche in den Tabellen systematisch die jeweiligen Zuwächse und gib an, um welche Arten von Wachstum bzw. Abnahme es sich handelt.

b) Setze die Tabellen um jeweils zwei Wertepaare fort.

c) Gib die zugehörige Funktionsgleichungen an. Begründe deine Antworten.

d) Zeichne den Graphen der Funktion (3) im Intervall [0;8] in ein Achsenkreuz. Verschiebe ihn um zwei Einheiten nach unten. Wie heißt die zur neuen Kurve gehörende Funktionsgleichung?

Zu Aufgabe 5 b:
Notiere so:

(1)

x	y
6	...
7	...

6. Herr Steinreich hat 2 500 000 € für sein Patenkind mit gleich bleibendem Zinssatz festgelegt. Nach 10 Jahren ist der Betrag auf dem Sonderkonto auf 5 152 578,91 € angewachsen.

a) Wie hoch war der verabredete Zinssatz p ?

b) Am Ende des 11. und 12. Zinsjahres hebt das Patenkind jeweils 50 000 € von dem Sonderkonto ab. Berechne die Kontostände zu diesen Zeitpunkten. Der vorher festgelegte Zinssatz gilt weiterhin.

Prüfung 3

Bearbeitungszeit: 120 Minuten

1. Forme um: a) $(2a + 3b)^2$ b) $(5a - 4b)(5a + 4b)$
c) $(x - 10)^2 \cdot x$ d) $a^2 + 2ab + b^2$ e) $5a^2 - 20\,ab + 20b^2$

2. Löse die folgenden Gleichungen und kontrolliere deine Antworten.
a) $(x - 3)(x + 3) = x^2 + x - 12$ b) $(x - 4)^2 + x = x^2 - 5$

3. Berechne 6,5% Zinsen von 6450,00 € für 27 Tage.

4. Welchen € -Betrag muss man festlegen, damit er bei p = 8% in einem Jahr 4800,00 € Zinsen bringt?

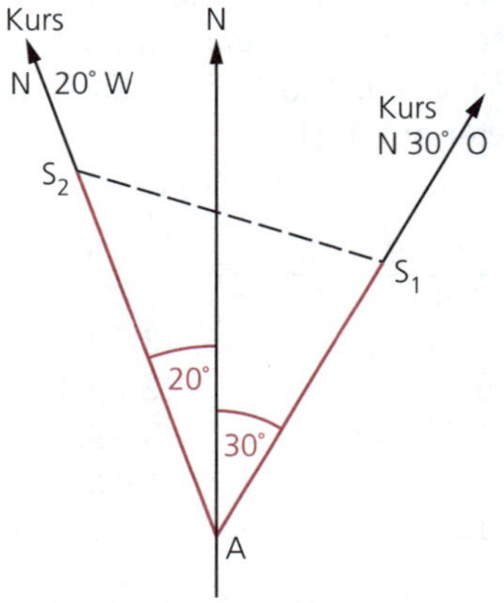

5. Zwei Schiffe fahren auf der freien See vom Punkte A aus in verschiedene Richtungen. Das erste Schiff fährt mit einer Geschwindigkeit von 20 kn (1 Knoten =1 kn = 1 sm/h) in Richtung N 30° O, das zweite mit 24 kn in Richtung N 20° W (siehe Skizze).

a) Unter welchem Winkel peilt das zweite Schiff nach 30 Minuten Fahrt vom Standort S_2 aus das andere Schiff an?

b) Zu diesem Zeitpunkt startet in S_2 ein Hubschrauber, um vom ersten Schiff einen Verletzten abzuholen. Das erste Schiff hat in S_1 gestoppt. Welchen Kurs muss der Pilot nehmen? Wie weit ist es von S_2 nach S_1 in Kilometern (1 sm = 1852 m)?

6. In einem afrikanischen Staat betrugt der Bevölkerungszuwachs von 1990 bis 2000 im Durchschnitt 3,2% pro Jahr, von 2000 bis 2010 sank er auf 2,8% pro Jahr. Nimm an, dass dieser Staat Ende 1990 rund 4 560 000 Einwohner hatte.

a) Berechne die Einwohnerzahlen für Ende 2000 und Ende 2010. Gib die errechneten Zahlen auf 1000 Einwohner genau an.

b) Berechne nun den mittleren Bevölkerungszuwachs in diesem Staat von 1990 bis 2010 in %/Jahr (auf eine Nachkommastelle genau).

c) Nimm an, das Bevölkerungswachstum sinke in dem Staat ab 2010 auf 2,0%/Jahr. Wann werden 10 Millionen Einwohner gezählt?

Prüfung 4

Bearbeitungszeit: 135 Minuten

1. Löse folgende Gleichungen, kontrolliere deine Ergebnisse.
a) $3(2x + 4) = 4x + 6$ b) $(x + 3)(x - 4) = x^2 - 15$
c) $7x - 6(2x + 3) + 5(3x - 7) = 7$ d) $2x(x - 1) = 12$

2. a) Konstruiere ein Dreieck ABC aus a = 5,1 cm; b = 3,7 cm und c = 6,5 cm.
b) Miss die Größe der Winkel und teile deine Messergebnisse mit.
c) Berechne den Flächeninhalt des Dreiecks aus gemessenen Strecken.

3. a) Konstruiere eine Raute ABCD aus $\alpha = 66{,}0°$; a = b = c = d = 3,6 cm.
b) Berechne die Längen der Diagonalen $e = \overline{AC}$ und $f = \overline{BD}$ und den Flächeninhalt der Raute.

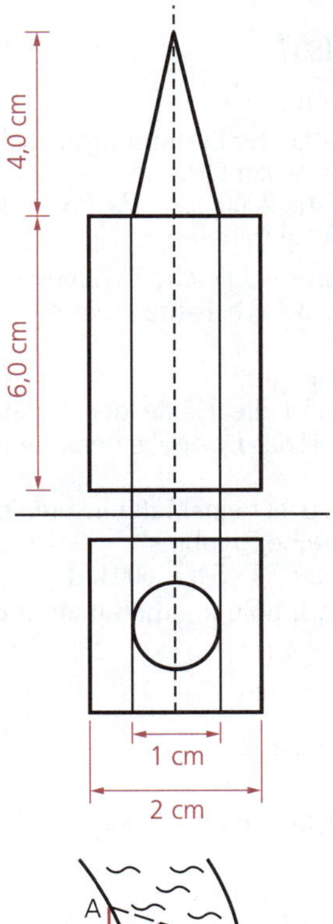

4. Nebenstehend ist ein aus einer quadratischen Säule und einem Kegel zusammengesetzter Körper in Zweitafelprojekten dargestellt.
a) Zeichne den zusammengesetzten Körper in Kavalierperspektive.
b) Berechne das Volumen und das Gewicht des gesamten Körpers, der aus Messing gegossen ist ($\rho = 8{,}5\ g/cm^3$).
c) Die Oberfläche des Körpers soll mit Zapon-Lack gestrichen werden. Dabei wird die Grundfläche der Säule ausgespart. Wie viele cm^2 sind zu streichen?

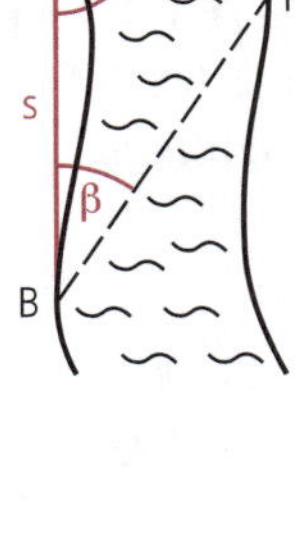

5. Die Orte A und B liegen auf der westlichen Rheinseite, s = 5250 m voneinander entfernt.
Der Winkel α ist 81,3°, der Winkel β 4,4° groß (siehe nebenstehendes Bild).
Ein Ausflugsdampfer fährt von A nach N auf der östlichen Rheinseite und von dort nach B.
Wie viele Meter legt er dabei mindestens zurück?

Lösungen zu Kapitel A

zu 1 Zuordnungen

Seite 8

T 1 a) proportionale Zuordnung b) quotientengleiche Größenpaare
c) In 10 min werden 480 *l* gefördert. Zum Fördern von 432 *l* braucht man 9 min. Bei einer proportionalen Zuordnung gilt:
Zum Doppelten der einen Größe gehört das Doppelte der anderen Größe; zur Hälfte der einen Größe gehört die Hälfte der anderen Größe.
Diese Größenpaare sind quotientengleich, d. h. beim Dividieren zweier zugeordneter Größen erhält man immer dasselbe Ergebnis.
Beispiel in T1: $\frac{144\,l}{3\,\text{min}} = \frac{336\,l}{7\,\text{min}} = 48\,\frac{l}{\text{min}}$
Eine Gleichung aus zwei Quotienten heißt Proportion. Daher heißt die Zuordnung proportional. Bei einer proportionalen Zuordnung kann man die Quotienten auch aus jeweils zwei Größen des gleichen Größenbereichs bilden, z. B. $\frac{336\,l}{144\,l} = \frac{7\,\text{min}}{3\,\text{min}} = 2{,}333\ldots$
Ansatz und Rechnung für c):
(1) $\frac{x}{10\,\text{min}} = \frac{144\,l}{3\,\text{min}} \Rightarrow x = \frac{144\,l \cdot 10\,\text{min}}{3\,\text{min}} = 480\,l$
(2) $\frac{x}{3\,\text{min}} = \frac{432\,l}{144\,l} \Rightarrow x = \frac{432\,l \cdot 3\,\text{min}}{144\,l} = 9\,\text{min}$

T 2 a) weder proportional noch antiproportional. Der Zuordnung liegt eine Gebührenordnung der Deutschen Post AG zu Grunde.
b) Ein 50 g-Kompaktbrief erforderte im Jahr 2000 2,20 DM Porto. Mit 3,– DM Porto werden Großbriefe bis 500 g frankiert.

T 3 a) antiproportionale Zuordnung b) produktgleiche Größenpaare
c) Bei 150 km/h beträgt die Fahrzeit 4 h. Bei 8 h Fahrzeit ist die Geschwindigkeit 75 km/h.
Bei einer antiproportionalen Zuordnung gilt:
Zum Doppelten der einen Größe gehört die Hälfte der anderen Größe; zur Hälfte der einen Größe gehört das Doppelte der anderen Größe.
Diese Größenpaare sind produktgleich, d. h. beim Multiplizieren der beiden Größen ergibt sich immer dasselbe Ergebnis.
In T 3: $100\,\frac{km}{h} \cdot 6\text{ h} = 600\text{ km}$ und $120\,\frac{km}{h} \cdot 5\text{ h} = 600\text{ km}$
Setzt man für die gesuchte Größe die Variable x, erhält man in c):
(1) $150\,\frac{km}{h} \cdot 6\text{ h} = 600\text{ km} \Rightarrow x = \frac{600\,km}{150\,\frac{km}{h}} = 4\text{ h}$
(2) $x\,\frac{km}{h} \cdot 8\text{ h} = 600\text{ km} \Rightarrow x = \frac{600\,km}{8h} = 75\,\frac{km}{h}$

T 4 Gesamtpreis = 9 · 2,36 € + 6 · 2,37 € = 35,46 €
Anna zahlt also insgesamt 17,73 €.

Seite 9

1. a) $p_1 = 4{,}75$ € und $p_2 = 9{,}50$ € b) 250 g Second flush kosten 9,00 €.
c) Der Gesamtpreis beträgt 37,00 €.

2. a) p = 47 400 €
b) Das Grundstück kann höchstens $666\frac{2}{3}$ m² groß sein.
c) Das Grundstück kostet mit Erschließung 85 600 € (96 300 €).

Seite 10

3. a) G.-preis: 46,60 € b) Insges.: 7,83 € c) G.-preis: 22,47 €

4. a) Es handelt sich um eine antiproportionale Zuordnung.
b) Das Pappstück ist 9 cm (12 cm; 18 cm) breit.
c) Das Pappstück ist 4 cm (12 cm; 24 cm) lang.

Produktgleiche Größenpaare, denn das Produkt aus Länge und Breite ergibt immer denselben Flächeninhalt

5. Preise für 100 kg:
a) 26,00 € b) 122,50 € c) 54,00 € d) 135,00 € e) 120,00 €

6. a) 80 Tage b) 48 Tage c) 53 Pferde ($53\frac{1}{3}$!) d) 150 Tage

7. a) 480 € je Mitglied stehen zur Verfügung.
b) Jetzt stehen 640 € je Mitfahrerin zur Verfügung.

8. Hinrichs Wagen verbraucht etwa 7,85 l pro 100 km. ($x = \frac{258 l \cdot 100 km}{3260 km}$) ← falsch (7,9e richtig)

9. a) $\cong 96{,}6\ \frac{km}{h}$; $\cong 128{,}7\ \frac{km}{h}$; $\cong 160{,}9\ \frac{km}{h}$
b) $\cong 62{,}1\ \frac{M}{h}$; $\cong 80{,}8$; $\frac{M}{h}$ $\cong 18{,}6\ \frac{M}{h}$

zu 2 Prozentrechnung

Seite 11

T 1 a) 1765,800 kg b) 189,98 €

T 2 Die Krokusse gingen etwas besser auf.
Krokusse: $\frac{p}{100} = \frac{342}{360} = 0{,}95 \Rightarrow p = 95\%$
Tulpen: $\frac{p}{100} = \frac{335}{250} = 0{,}94 \Rightarrow p = 94\%$

T 3 Frau Wenigs Monatseinkommen beträgt 3600 €.
$\frac{G}{100} = \frac{972}{27} \Rightarrow G = \frac{972 \cdot 100}{27} = 3600$ €
Alternative: Die Gleichung
Prozentwert $= \frac{Grundwert \cdot Prozentsatz}{100}$ kurz $P = \frac{G \cdot p}{100}$
nach P auflösen: $P = \frac{972 \cdot 100}{27} = 3600$ €

T 4 Jahr: 1998 1999 2000
Zuwachs: 10% 9% 8%
1998: $\frac{p}{100} = \frac{39\,930}{36\,300} = 1{,}10 \Rightarrow p = 110\% \Rightarrow 10\%$ Zuwachs
oder $\frac{p}{100} = \frac{3630}{36\,300} = 0{,}10 \Rightarrow p = 10\%$ (= Zuwachs)
1999: $\frac{p}{100} = \frac{43\,524}{39\,930} = 1{,}09 \Rightarrow p = 109\% \Rightarrow 9\%$ Zuwachs
2000: $\frac{p}{100} = \frac{47\,006}{43\,524} = 1{,}08 \Rightarrow p = 108\% \Rightarrow 8\%$ Zuwachs

T 5 a) Der Mantel kostet zum Schluss noch 179,20 €.
Beachte: Wird der Preis um 30% gesenkt, beträgt der neue Preis P_1 noch 70% des alten Preises. Wird dieser Preis P_1 noch einmal um 20% gesenkt, so beträgt der aktuelle Preis P_2 noch 80% des letzten Preises P_1.
$P_1 = \frac{320 \cdot 70}{100} = 224{,}00$ € $\Rightarrow P_2 = \frac{324 \cdot 80}{100} = 179{,}20$ €
Du kannst auch beide Schritte zusammenfassen:
$P_2 = \frac{320 \cdot 70 \cdot 80}{100 \cdot 100} = 179{,}20$ €
b) Adams Behauptung stimmt nicht, denn du weißt:
$P_2 = \frac{G \cdot 70 \cdot 80}{100 \cdot 100} = \frac{G \cdot 56}{100}$
P_2 beträgt also 56% des ehemaligen Preises (G); damit wurde der Preis insgesamt um 44% gesenkt.

10. 12 €	**11.** 20 €	**12.** 200 €	**13.** 25%	**14.** 10%	**15.** 200%
20 €	60 €	150 €	25%	5%	1000%
30 €	250 €	500 €	50%	$33\frac{1}{3}\%$	300%

16. a) 1,541 kg b) 2,432 kg c) 1,087 kg d) 7,832 kg
e) 4,550 kg f) 0,375 kg g) 825 kg h) 3000 kg

17. 2367 kg werden eingelagert, 1578 kg werden sofort verkauft, 1052 kg gehen an die Mosterei, 263 kg sind Abfall.
$P = \frac{5260 \cdot 45}{100} = 1578$ kg

18. a)

Seite 12

Bekenntnis	Ev.-luth.	Ev.-ref.	Röm.-kath.	Orthodox	jüdisch	Islam	Sonst.	Keine Ang.
Einwohner	61 600	16 800	120 400	11 2000	1400	19 600	8400	40 600

b)

Ev.-luth.	e.-r.	Röm.-kath.	O	Isl.	S	k.A.

[Längen: 22 mm; 6 mm; 43 mm; 4 mm; 0,5 mm (nicht darstellb.); 7 mm; 3 mm; 14,5 mm]

19.

	a)	b)	c)	d)	e)
Grundwert					9990,– €
Prozentsatz			225%	22,5%	
Prozentwert	548,58 t	4019,68 t			

20. Der Preis stieg in neun Jahren um rund 50,9%.

Gewicht der 25 Kisten = 2,25 kg · 25 = 56,25 kg ≙ 18,75% von 300 kg

21. Tara: 18,75%; Nettogewicht: 243,75 kg

22. 35% ihres Bruttogehalts sind Abzüge.

23. G_1 = 2741,64 €

24. Das Gehalt wuchs um 2,5% auf 102,5%.

25. Fall 2 ist günstiger, denn er bringt 5,0576% mehr Lohn.
Berechne zum Vergleich:
(1) $L \cdot 1{,}032 \cdot 1{,}018 = L \cdot 1{,}050576$
(2) $L \cdot 1{,}025 \cdot 1{,}025 = L \cdot 1{,}050625$

26. a) 18,22 € zu Anfang des Jahres 2002. (16,50 € · 1,028 · 1,032 · 1,041)
b) Der Lohn stieg von Ende 1998 bis Anfang 2002 um ca. 10,42%.

Seite 13

zu 3 Zinsrechnung

T 1 a) 168 € Zinsen für ein Jahr.
b) 111,38 € Zinsen.
Du berücksichtigst den Zeitfaktor $\frac{3}{12}$ oder $\frac{90}{360}$ und rechnest
$z = K \cdot \frac{p}{100} = \frac{3}{12}$ oder: $z = K \cdot \frac{p}{100} \cdot \frac{90}{360}$
c) 181,25 € Zinsen für 72 Tage. Du berücksichtigst den Zeitfaktor $\frac{72}{360}$.

T 2 Herr Kluge muss 184 615,38 € festlegen.
Wenn du die Zinsformel auflöst nach K, ergibt sich
$K = 1000€ \cdot \frac{100}{6{,}5} \cdot \frac{12}{1}$ oder: $K = 1000€ \cdot \frac{100}{6{,}5} \cdot \frac{360}{30}$

T 3 Christine bietet einen Zinssatz von 36% an!
Die Umformung nach p ergibt $p = 5 \cdot \frac{100 \cdot 360}{5000 \cdot 1} = 36\%$

T 4 Der Unternehmer muss jetzt monatlich 1250 € zusätzlich aufbringen.
Du hast sicher gemerkt, dass es hier verschiedene Lösungswege gibt. Am schnellsten kommst du zum Ziel, wenn du die Zinsberechnung nur mit der Zinssatzdifferenz von 0,75% (8,25% – 7,5%) durchführst:
$z = 2\,000\,000 \cdot \frac{0{,}75}{100} \cdot \frac{1}{2}$ oder: $z = 2\,000\,000 \cdot \frac{0{,}75}{100} \cdot \frac{30}{360}$

27.

a)	b)	c)
6 €	100 €	0,05 €
12 €	100 €	0,08 €
20 €	600 €	0,40 €

28. a) 5%; 6%; 7% b) 8%; 7%; 9%

29. a) 6 €; 0,13 € b) 5,67 €; 7,44 €

Seite 14

30.

	a)	b)	c)	d)
Kapital			50 000	
Zinssatz		7,5%		
Zinstage	270 Tage			
Zinsen				17,10

31. Herr Klamm zahlt 1584,44 € Verzugszinsen.

32. Es wurden 8,25% Verzugszinsen berechnet (t = 30 Tage).

zu 4 Gleichungen

T 1 a) $x = -5$ b) $x = 1$ c) $x = 0{,}5$ d) $x = -1$
Beachte: Nur gleichartige Terme können zusammengefasst werden, z. B. $-3x + 7 + 12x - 12 = 9x - 5$
Bei der Multiplikation von Summen gilt: $-0{,}5 \cdot (x - 7) = -0{,}5x + 3{,}5$

T 2 a) $x = -1;\ y = 2$ b) $x = 6;\ y = -11$ c) $x = 11;\ y = -2$
Beispiel: Lösung eines linearen Gleichungssystems mit dem Einsetzungsverfahren

	I.	$8x + y = 37$
	II.	$6x + 2y = 14$
Gleichung I nach y auflösen	I.	$y = 37 - 8x$
(37 – 8x) für y in II. einsetzen	I.	$6x + 2 \cdot (37 - 8x) = 14$
Gleichung nach x auflösen	II.	$-10x = -60$
	II.	$x = 6$
Wert für x in Gleichung I einsetzen	I.	$8 \cdot 6 + y = 37$
Gleichung nach y auflösen	I.	$y = -11$

Zum Schluss machst du mit beiden Gleichungen die Probe:

I. $8 \cdot 6 + (-11) = 37$
$48 - 11 = 37$
$37 = 37$
w.A.

II. $6 \cdot 6 + 2 \cdot (-11) = 14$
$36 - 22 = 14$
$14 = 14$
w.A.

T 3 a) $a = \frac{1}{2} \cdot (u - 2b) = \frac{1}{2}u - b$ b) $h = \frac{2 \cdot A}{g}$
c) $t = \sqrt{\frac{2 \cdot s}{g}}$
Forme zunächst nach t^2 um, bestimme dann die Lösung.
d) $r = \frac{180 \cdot b}{\pi \cdot \alpha};\ \alpha = \frac{180 \cdot b}{\pi \cdot r}$ e) $V_2 = \frac{V_1 \cdot T_2}{T_1};\ T_2 = \frac{V_2 \cdot T_1}{V_1}$

Seite 15

33. a) $32x + 17$ b) $-16x + 31$
34. a) $60x - 72$ b) $22x + 36$
35. a) $70x + 5$ b) $-105x + 158$
36. a) $5x^2 + 6x + 2$ b) $4x$
37. a) $5x^2 + 2x + 2$ b) 0
38. a) $10x^2 + 14x + 5$ b) $12x$
39. a) $x = 3$ b) $x = -2$
40. a) $x = 3{,}6$ b) $x = -3$
41. a) $x = 5$ b) $x = 2$
42. a) $x = -1$ b) $x = 1$
43. a) $x = 5$ b) $x = 6$ c) $x = 7$
44. a) $x = 12$ b) $x = \frac{40}{3} = 13\frac{1}{3}$ c) $x = 20$
45. a) $x = 1;\ y = 3$ b) $a = 2;\ b = 3$ c) $x = 3;\ y = 4$
46. a) $x = 0{,}5;\ y = 5$ b) $a = 0{,}5;\ b = 0{,}5$ c) $x = -2;\ y = -4$

Beispiel: Lösung von 46. c) mithilfe des Additionsverfahrens

I.	$4x - 2y = 0$	$\vert \cdot 3$
II.	$6x + 3y = -24$	$\vert \cdot 2$
I.	$12x - 6y = 0$	
II.	$12x + 6y = -48$	
I. + II.	$24x = -48$	$\vert : 24$
	$x = -2$	
I.	$4 \cdot (-2) - 2y = 0$	
	$-8 - 2y = 0$	
	$-2y = 8$	$\vert : (-2)$
	$y = -4$	

Proben: I. $4 \cdot (-2) - 2 \cdot (-4) = 0$
$-8 + 8 = 0$
$0 = 0$
w. A.

II. $6 \cdot (-2) + 3 \cdot (-4) = -24$
$-12 - 12 = -24$
$-24 = -24$
w. A.

47. a) $O = 2 \cdot G + M = 2 \cdot a^2 + 4 \cdot a \cdot h$
b) $h = 40\,cm;\ O = 850\,cm^2$.
(1) Löse die Volumenformel nach h auf:
$V = G \cdot h = a^2 \cdot h \Rightarrow h = \frac{V}{a^2} \quad \Rightarrow h = \frac{1000}{25} = 40\,cm$

(2) Die Kantenlänge a aus der Grundfläche G berechnen:
$a = \sqrt{25} = 5\,cm$
(3) Kantenlänge a und Höhe h in die Oberflächenformel einsetzen:
$O = 2 \cdot 5a^2 + 4 \cdot 5 \cdot 40 = 2 \cdot 25 + 800 = 850\,cm^2$

Seite 17

zu 5 Aufgaben zur Leistungsüberprüfung

48. a) Rechnung für Frau Belmer

4 l Motoröl	25,20 €
1 Ölfilter	5,20 €
0,18 l Bremsflüssigkeit	7,20 €
Arbeitslohn	24,00 €
Nettopreis	61,60 €
16% MWST	9,86 €
Bruttopreis	71,46 €

b) Am 20. Februar 01 (02. März) müsste sie 71,80 € (71,97 €) überweisen.

49. a) Die Ersparnis beträgt 354,82 €. Die gekaufte Heizölmenge entspricht 78 % der früher benötigten Heizölmenge.

b) 2001 – 2010:
Heizölverbrauch für die neue Anlage: 29 980 l (= 78%)
Theoretischer Heizölverbrauch für die alte Anlage: 38 435,9 l

1) 3400 l + 26 580 l
2) 29 980 l : 0,78 l

c) Ersparnis in 10 Jahren: 8455,9 *l* · 0,40 €/*l* = 3382,36 €

d)

Ersparnis beim Heizöl:	3382,36 €
Ersparnis durch geringere Steuern:	2500,00 €
Ersparnis durch geringere Stromkosten:	50,00 €
Gesamtersparnis:	5932,36 €

Diesem Betrag stehen die Kosten der neuen Anlage mit 8600,00 € gegenüber. Wenn man bedenkt, dass für die alte Anlage ziemlich sicher hohe Reparaturkosten angefallen wären, hat sich die Modernisierungsmaßnahme also rentiert. Zu bedenken ist auch: Es wurden rund 24,5 t weniger CO_2 und rund 40 kg weniger SO_2 freigesetzt.

Seite 19

50. Die Australierin erhält 4055,04 US-$ und 5862,52 kan. $.
Bedenke: 7500 AUD = 4586,25 €
4586,25 € = 4055,04 US-$

51. Ines stehen 3 591,31 dkr und 7 915,46 skr zur Verfügung.
Achtung: Andere Einheit berücksichtigen (100).

51:

€	dkr
27,84	100,00
1000,00	x

52. a) 5000 € = 2815,00 £ (Sorten-Verkauf!)
5000 € = 6391,41 kan. $
5000 € = 4 420,87 US-$

b) 600 £ = 986,88 €
1000 kan. $ = 700,50 €
500 US-$ = 532 €

52.b):

£	€
1	1,6448
600,00	x

53. a) 3 640 000 US-$ = 4 014 920 € (Brief!)
4 576 000 kan. $ = 3 420 560 €
5 500 000 US-$ = 6 026 350 € (Geld!)

b) Das Konto wird mit insgesamt 1 409 130 € belastet.

54. Zu zahlen sind 5 300 000 US-$ = 5 845 900 €, also muss das Konto um 345 900 € überzogen werden.

55. a) Das Konto weist noch ein Guthaben von 938 250,06 £ auf.

55.a):
1 650 000,00 £
- 379 406,96 £
- 218 900,30 £
- 113 442,68 £

b) Für 1 000 000 Yen wird das Konto mit 5 917,58 € belastet.

Seite 21

56. a) Kurswert: 7840,– €
b) 40,– € Stückzinsen (30 Zinstage, 8000,– € Nennwert, p = 6%)

c)

Kurswert	7840,– €
Stückzinsen (30 Tage)	40,– €
Maklergebühr (0,75‰)	5,88 €
Provision (0,5%)	39,40 €
Auslagen	3,– €
Lastschrift	7928,08 €

d) 480,– € Zinsgutschrift pro Jahr.

e)

Kurswert	9135,– €
Stückzinsen (66 Tage)	99,– €
Maklergebühr (0,75‰)	6,85 €
Provision (0,5%)	45,68 €
Auslagen	3,– €
Lastschrift	9289,53 €

f) Zinsgutschrift am 01. Februar 2005: 1020,– € (17 000,– €, p = 6%)

57. Sabrinas Kauf- und Verkaufsabrechnung

	Aktienkauf	Aktienverkauf
Kurswert	17 954,52 DEM	17 480,00 €
Maklergebühr (0,8‰)	14,36 DEM	– 13,98 €
Provision (1%)	179,55 DEM	– 174,80 €
Auslagen	5,50 DEM	– 2,81 €
	18 153,93 DEM (Lastschrift am 2. Mai 00)	17 288,41 € (Gutschrift am 28. Mai 03)

Sie erzielte somit einen Gewinn von 8006,45 € in drei Jahren.

58.

	Aktienkauf	Aktienverkauf
Kurswert	5046,04 DEM	8918,58 DEM
Maklergebühr (0,8‰)	4,04 DEM	– 7,13 DEM
Provision (1%)	50,46 DEM	– 89,19 DEM
Auslagen/Abwicklung	15,50 DEM	– 15,50 DEM
	5116,04 DEM (Lastschrift)	8806,76 DEM (Gutschrift)

Marks Gewinn beträgt also 3690,72 DEM (= 1887,04 €).

Seite 23

59. a) Die Mischung hat einen Alkoholgehalt von ca. 68,4%.
Du kannst die Gleichung $2{,}75 \cdot 0{,}60 + 0{,}75 \cdot 0{,}99 = 3{,}5 \cdot x$ aufstellen und dann nach x auflösen.

b) Diese Mischung hat etwa 64,9% Alkoholgehalt.
Gleichung: $0{,}7 \cdot 0{,}60 + 0{,}1 \cdot 0{,}99 = 0{,}8 \cdot x$

c) Es müssen 18 l vom 70%igen Alkohol beigemischt werden:
Gleichung: $12 \cdot 0{,}60 + x \cdot 0{,}70 = (12 + x) \cdot 0{,}66$

d) 7,375 l Wasser müssen hinzugefügt werden:
Gleichung: $5 \cdot 0{,}99 = (5 + x) \cdot 0{,}40$

60. a) Diese 400-g-Teemischung kostet 23,25 €.
b) Die Tüte mit 600 g kostet 31,40 €.
c) Frank muss 1,286 kg der Standardsorte beimischen. Er kann dann 27 Stück der 100-g-Partytüten abfüllen.

61. a) Tanja müsste 4 h Erdbeeren pflücken, um mindestens 40,– € pro Woche zu verdienen.
b) Katja müsste 3,– € pro h für das Babysitten bezahlt bekommen, um den gewünschten Verdienst zu erzielen.

Lösungen zu Kapitel B

zu 1 Wertetabellen und Graphen

Seite 24

T 1 Siehe Abbildung auf S. 23.

T 2 Verschobene Normalparabel mit S (–1 | –4).

T 3 a) Normalparabel mit S (4 | –1); Nullstellen bei x = 3 und x = 5.

x	0	1	2	3	4	5	6	7	8
y	15	8	3	0	–1	0	3	8	15

b) Gestreckte Parabel mit S (2 | 0); eine Nullstelle bei x = 2.

x	–1	0	1	2	3	4	5
y	18	8	2	0	2	8	18

c) Verschobene, nach unten geöffnete Normalparabel; S (–2,5 | 12,5); Nullstellen außerhalb des angegebenen Intervalls.

x	–6	–5	–4	–3	–2	–1	0	1
y	0,25	6,25	10,25	12,25	12,25	10,25	6,25	0,25

d) Gestauchte, nach unten geöffnete Parabel; S (–2 | 5)
Nullstellen bei x = –5,16 und x = 1,16.

x	–7	–6	–5	–4	–3	–2	–1	0	1	2	3
y	–7,5	–3	0,5	3	4,5	5	4,5	3	0,5	–3	–7,5

e) Verschobene, nach unten geöffnete Normalparabel; S (–1,5 | –2).
Kein Schnittpunkt mit der x-Achse (also keine Nullstellen).

x	–5	–4	–3	–2	–1	0	1	2
y	–14,25	–8,25	–4,25	–2,25	–2,25	–4,25	–8,25	–14,25

Seite 25

1.

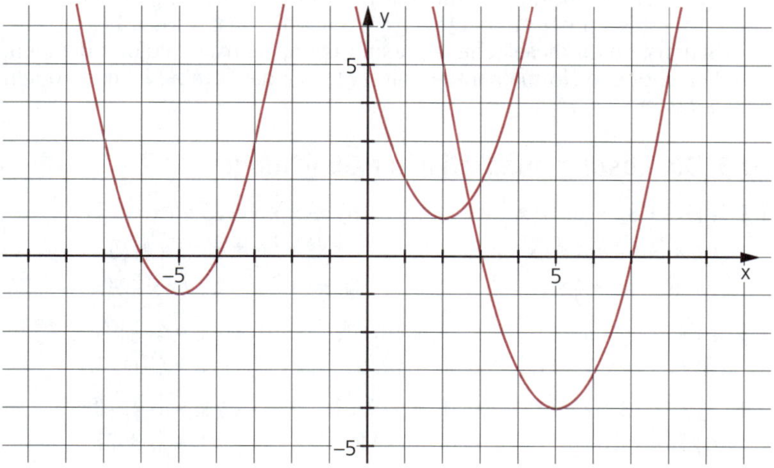

2. a) S (–1 | –9); verschobene Normalparabel
b) S (1 | 4); nach unten geöffnete Parabel
c) S (1,5 | –2,25); verschobene Normalparabel
d) S (3 | –8); verschobene, gestreckte Parabel

3. a) S (4 | 4); verschobene Normalparabel
b) S (–3 | –1); verschobene Normalparabel
c) S (2,5 | –0,25); verschobene Normalparabel

d) S (3 | 2,25); verschobene Normalparabel, nach unten geöffnet
e) S (4 | –4,5); gestauchte Parabel

zu 2 Scheitelpunktform

Seite 26

T 1 a) Verschobene Normalparabel; S (–3 | –4); $x_{N1} = -5$; $x_{N2} = -1$
b) Verschobene Normalparabel; S (4 | –1); $x_{N1} = 3$; $x_{N2} = 5$

T 2 a) $y = (x + 3)^2 - 4 \Leftrightarrow y = x^2 + 6x + 5$
b) $y = (x + 0)^2 + 1 \Leftrightarrow y = x^2 + 1$
c) $y = (x - 7)^2 + 0 \Leftrightarrow y = x^2 - 14x + 49$
d) $y = -(x - 3)^2 + 1 \Leftrightarrow y = -x^2 + 6x - 8$

T 3 a) $y = (x + 3)^2 - 1$
b) $x_{N1} = -4$; $x_{N2} = -2$

T 4 S (2 | –4)

T 5 a) S (5 | –4); keine Nullstellen
b) $y = -(x - 5)^3 + 4$

Seite 27

4. a) S (3 | –4); $x_{N1} = 1$; $x_{N2} = 5$
b) S (–4 | 3); keine Nullstellen
c) S (1 | –6,25); $x_{N1} = 3{,}5$; $x_{N2} = -1{,}5$
d) S (–2 | –2,25); $x_{N1} = -0{,}5$; $x_{N2} = -3{,}5$
Falls du nicht auf diese Ergebnisse kommst, sieh dir noch einmal die Beispiele im Infokasten S. 27 an.

5. a) $y = (x - 3)^2 + 3$ $\quad y= x^2 -6x + 12$
b) $y = (x + 4)^2 + 4$ $\quad y= x^2 + 8x + 20$
c) $y = (x + 3)^2 - 1$ $\quad y= x^2 + 6x + 8$
d) $y = (x - 1{,}5)^2 - 2{,}5$ $\quad y= x^2 - 3x - 0{,}25$

6. Beispiel: Der Graph der Funktion $y = (x - 1)^2 + 4$ ist eine verschobene Normalparabel mit S (1 | 4). Wird diese Parabel an der x-Achse gespiegelt, entsteht eine nach unten geöffnete Parabel mit S (1 | –4).
Da jeder y-Wert mit (–1) multipliziert werden muss, ergibt sich:
$$y = [(x - 1)^2 + 4] \cdot (-1) = -[(x - 1)^2 + 4] = -(x - 1)^2 - 4$$
Schaust du dir diese Scheitelpunktform an, kannst du sofort erkennen: Verschobene Normalparabel mit S (1 | –4); die Parabel ist nach unten geöffnet.

Seite 28

zu 3 Die Lösung quadratischer Gleichungen

T 1 a) $x^2 + 8x + 16 = (x + 4)^2$ $\quad$ b) $x^2 + x + 0{,}25 = (x + 0{,}5)^2$
c) $x^2 - 6x + 9 = (x - 3)^2$ $\quad$ d) $x^2 + \frac{1}{2}x + \frac{1}{16} = (x + \frac{1}{4})^2$
e) $x^2 - \frac{2}{3}x + \frac{1}{9} = (x - \frac{1}{3})^2$ $\quad$ f) $x^2 + \frac{3}{4}x + \frac{4}{9} = (x + \frac{2}{3})^2$

T 2 a) $\mathbb{L} = \{-5; 5\}$ $\quad$ b) $\mathbb{L} = \{-7; 3\}$ $\quad$ c) $\mathbb{L} = \{-\frac{2}{3}; \frac{2}{3}\}$
d) $\mathbb{L} = \{-\sqrt{7}; \sqrt{7}\}$ $\quad$ e) $\mathbb{L} = \{0; 6\}$ $\quad$ f) $\mathbb{L} = \{-14; 0\}$

T 3 a) $\mathbb{L} = \{3; 5\}$ $\quad$ b) $\mathbb{L} = \{-5; 3\}$ $\quad$ c) $\mathbb{L} = \{-4; -2\}$
d) $\mathbb{L} = \{\frac{1}{2}; \frac{1}{4}\}$ $\quad$ c) $\mathbb{L} = \{-1{,}2; 0{,}8\}$ $\quad$ c) $\mathbb{L} = \{-3; 2\}$

T 4 Normalform und Diskriminante sind auf Seite 27 erklärt.
$D = (\frac{p}{2})^2 - q \Leftrightarrow D = \frac{p^2}{4} - q$

T 5 a) Zwei Lösungen, da die Diskriminante positiv ist.
b) Eine Lösung, da die Diskriminante den Wert 0 hat.
c) Keine Lösung, da die Diskriminante negativ ist.

7. a) $x^2 + 6x + 9 = (x + 3)^2$ $\quad$ b) $x^2 - 8x + 16 = (x - 4)^2$
c) $x^2 + 5x + 6{,}25 = (x + 2{,}5)^2$ $\quad$ d) $a^2 + 12a + 36 = (a + 6)^2$
e) $b^2 - 14b + 49 = (b - 7)^2$ $\quad$ f) $x^2 + x + 0{,}25 = (x + 0{,}5)^2$

g) $x^2 - \frac{2}{3}x + \frac{1}{9} = (x - \frac{1}{3})^2$ h) $a^2 - \frac{1}{3}a + \frac{1}{36} = (a - \frac{1}{6})^2$

i) $x^2 + \frac{4}{5}x + \frac{4}{25} = (x + \frac{2}{5})^2$ oder: $x^2 + 0{,}8x + 0{,}16 = (x + 0{,}4)^2$

Beispiel i: 1. Schritt: $\frac{4}{5} : 2 = \frac{4}{5} \cdot \frac{1}{2} = \frac{4}{10} = \frac{2}{5}$

2. Schritt: $(\frac{2}{5})^2 = \frac{4}{25}$

8. a) $\mathbb{L} = \{-10; 10\}$ b) $\mathbb{L} = \{-15; 15\}$ c) $\mathbb{L} = \{-3{,}5; 3{,}5\}$
d) $\mathbb{L} = \{-12; 12\}$ e) $\mathbb{L} = \{-2{,}5; 2{,}5\}$ f) $\mathbb{L} = \{\ \}$
g) $\mathbb{L} = \{-\frac{3}{4}; \frac{3}{4}\}$ h) $\mathbb{L} = \{\ \}$ i) $\mathbb{L} = \{-0{,}2; 0{,}2\}$

Beispiel e: $x^2 - 6{,}25 = 0 \quad | + 6{,}25$
$x^2 = 6{,}25$
$x_{1,2} = \pm\sqrt{6{,}25} \Rightarrow x_1 = 2{,}5;\ x_2 = -2{,}5$
$\Rightarrow \mathbb{L} = \{2{,}5; -2{,}5\}$

9. a) $\mathbb{L} = \{-3;7\}$ b) $\mathbb{L} = \{-9;4\}$ c) $\mathbb{L} = \{-1;1\}$ *Seite 29*
d) $\mathbb{L} = \{0; 6\}$ e) $\mathbb{L} = \{-5;0\}$ f) $\mathbb{L} = \{7\}$

10. a) $(x - 3)(x - 7) = 0 \Leftrightarrow x^2 - 10x + 21 = 0$ *Seite 30*
b) $(x + 3)(x - 7) = 0 \Leftrightarrow x^2 - 4x - 21 = 0$
c) $(x - 0{,}5)(x - 1{,}5) = 0 \Leftrightarrow x^2 - 2x + 0{,}75 = 0$

Beispiel c: $(x - 0{,}5)(x - 1{,}5) = 0$
$\Leftrightarrow x^2 - 0{,}5x - 1{,}5x + 0{,}75 = 0$
$\Leftrightarrow x^2 - 2x + 0{,}75 = 0$

11. a) $\mathbb{L} = \{-6;11\}$ b) $\mathbb{L} = \{-7;12\}$ c) $\mathbb{L} = \{-3;15\}$
d) $\mathbb{L} = \{-0{,}5;12\}$ e) $\mathbb{L} = \{1{,}5;6\}$ f) $\mathbb{L} = \{2{,}5;4\}$
g) $\mathbb{L} = \{-\frac{1}{2}; \frac{1}{3}\}$ h) $\mathbb{L} = \{-\frac{2}{3}; \frac{1}{4}\}$

Beispiel g) mithilfe der quadratischen Ergänzung:

$$x^2 + \frac{1}{6}x - \frac{1}{6} = 0 \quad |+\frac{1}{6}$$
$$\Leftrightarrow x^2 + \frac{1}{6}x = \frac{1}{6} \quad |\text{Quadratische Ergänzung}$$
$$\Leftrightarrow x^2 + \frac{1}{6}x + \frac{1}{144} = \frac{1}{6} + \frac{1}{144}$$
$$\Leftrightarrow (x + \frac{1}{12})^2 = \frac{25}{144}$$
$$\Leftrightarrow x_{1,2} + \frac{1}{12} = \pm\sqrt{\frac{25}{144}} \quad | - \frac{1}{12}$$
$$\Leftrightarrow x_{1,2} = -\frac{1}{12} \pm \sqrt{\frac{25}{144}}$$
$$\Leftrightarrow x_1 = -\frac{1}{12} + \frac{5}{12} = \frac{4}{12} = \frac{1}{3}$$
$$\Leftrightarrow x_2 = -\frac{1}{12} - \frac{5}{12} = -\frac{6}{12} = -\frac{1}{2}$$

12. a) $\mathbb{L} = \{-2;3\}$ b) $\mathbb{L} = \{-5;1\}$ c) $\mathbb{L} = \{2;4\}$
d) $\mathbb{L} = \{-7;-3\}$ e) $\mathbb{L} = \{2; 3\}$ f) $\mathbb{L} = \{-4; 3\}$

Beispiel e) mithilfe der Lösungsformel:

$$-10x^2 + 50x - 30 = 30 \quad |: (-10)$$
$$\Leftrightarrow x^2 - 5x + 3 = -3 \quad |+ 3$$
$$\Leftrightarrow x^2 - 5x + 6 = 0 \quad (\text{Normalform})$$
$$\Leftrightarrow x_{1,2} = -(-2{,}5) \pm \sqrt{(-2{,}5)^2 - 6}$$
$$x_1 = 2{,}5 + \sqrt{0{,}25} = 3 \qquad x_2 = 2{,}5 - \sqrt{0{,}25} = 2$$

13. a) Normalform: $x^2 - 2x - 3 = 0$; $\mathbb{L} = \{-1;3\}$
b) Normalform: $x^2 + \frac{20}{3}x + 11 = 0$; $\mathbb{L} = \{-3\frac{2}{3}; -3;\}$
c) Normalform: $x^2 - 4x = 0$; $\mathbb{L} = \{0; 4\}$
d) Normalform: $x^2 - 6x - 7 = 0$; $\mathbb{L} = \{-1; 7\}$

14. a) Zwei Lösungen, da $\frac{p^2}{4} - q > 0$; $\mathbb{L} = \{1; 5\}$
b) Keine Lösung, da $\frac{p^2}{4} - q < 0$); $\mathbb{L} = \{\ \}$
c) Eine Lösung, da $\frac{p^2}{4} - q = 0$; $\mathbb{L} = \{-3\}$

zu 4 Textaufgaben

T 1 Die Seiten sind 25 m und 50 m lang.
Ansatz: Lösung des Gleichungssystems
I. $(x + y) \cdot 2 = 150$
II. $x \cdot y = 1250$

T 2 Der Rahmen hat eine Breite von ca. 1,62 cm. Die Innenfläche des Bildes ist ca. 16,76 cm breit und ca. 4,76 cm hoch.
Ansatz: $2 \cdot 8 \cdot x + (20 - 2 \cdot x) \cdot x \cdot 2 = (20 - 2 \cdot x) \cdot (8 - 2 \cdot x)$

T3 Die Seitenlänge der Quadrate beträgt 3 cm und 6 cm.
Ansatz: Aufstellung des Gleichungssystems
I. $4x + 4y = 36$
II. $x^2 + y^2 = 45$

dann z. B. 1. Gleichung nach y auflösen und in die 2. Gleichung einsetzen; dieses führt zur Normalform $x^2 - 9x - 18 = 0$

Seite 32

zu 5 Aufgaben zur Leistungsüberprüfung

15. Die beiden Seiten sind ca. 7,8 cm und 12,8 cm lang.
Lösungsansatz: $x \cdot (x + 5) = 100$

16. a) Das Quadrat hatte eine Seitenlänge von 48 cm.
Lösungsansatz: $(x - 12)(x - 16) = \frac{1}{2} x^2$
Normalform: $x^2 - 56x + 384 = 0$

b) Um ein möglichst großes Quadrat zu erhalten, darf Markus nur noch 4 cm von der längeren Seite des Rechtecks abschneiden.

c) Das neue Quadrat hat $\frac{2}{3}$ der Seitenlänge des ursprünglichen Quadrates, also beträgt der neue Flächeninhalt nur $\left(\frac{2}{3}\right)^2 = \frac{4}{9}$ des ursprünglichen Flächeninhaltes.

Prozentual verglichen: Der neue Flächeninhalt beträgt 44% des alten Flächeninhalts.

17. a) Die Quadrate haben eine Seitenlänge von 2,76 cm und 6,76 cm.
Lösungsansatz: Bezeichne die Kantenlänge des kleinen Quadrats mit x und stelle eine der beiden Gleichungen auf

$$6x^2 = (x + 4)^2 \text{ oder: } x^2 = \frac{1}{6}(x + 4)^2$$

Normalform: $x^2 - \frac{8}{5}x - \frac{16}{5} = 0$

Mithilfe der Lösungsformel (vgl. S. 29) erhältst du

$$x_1 = -\left(-\frac{4}{5}\right) - \sqrt{\left(-\frac{4}{5}\right)^2 - \left(-\frac{16}{5}\right)} = \frac{4}{5} - \sqrt{\frac{96}{25}} \approx -1{,}16$$

$$x_2 = -\left(-\frac{4}{5}\right) + \sqrt{\left(-\frac{4}{5}\right)^2 - \left(-\frac{16}{5}\right)} = \frac{4}{5} + \sqrt{\frac{96}{25}} \approx 2{,}76$$

Die negative Lösung ist hier ohne Bedeutung.

b) $A_1 \approx 45{,}70\,\text{cm}^2$; $A_2 \approx 7{,}62\,\text{cm}^2 \Rightarrow A_1 = 6 \cdot A_2$

18. a) Die Terrasse ist 13 m lang und 10 m breit.
Ansatz: Aufstellen des Gleichungssystems
I. $x \cdot y = 130$
II. $(x + y) \cdot 2 = 46$

Auflösen der 1. Gleichung nach y: I. $y = \frac{130}{x}$
und Einsetzen in die 2. Gleichung: II. $(x + \frac{130}{x}) \cdot 2 = 46$
führt zur quadratischen Gleichung in der Normalform
$x^2 - 23x + 130 = 0$; $\mathbb{L} = \{10; 13\}$

b) Das Fliesen der Terrasse kostet 2938 €.

c) Der Zaun für die schmalen Seiten der Terrasse kostet 1650 €.

19. a) Skizze eines Quaders: vgl. Seite 15

b) Die Kanten sind 10 cm, 11 cm und 12 cm lang.
Für die Seiten a, b und c gilt: $b = a + 1$ und $c = a + 2$

also lässt sich die Oberflächenformel für den Quader
$2 \cdot (ab + ac + bc) = O$
entsprechend aufstellen:
$2 \cdot (a \cdot (a + 1) + a \cdot (a + 2) + (a + 1) \cdot (a + 2)) = 724$
durch Zusammenfassen erhältst du die Normalform:
$a^2 + 2a - 120 = 0$; $\mathbb{L} = \{-12; 10\}$
Die negative Lösung ist hier ohne Bedeutung.
c) Die Leiste muss also mindestens 132 cm lang sein.

20. Die Seiten sind 16 cm und 24 cm lang.
Aufstellen des linearen Gleichungssystems
I. $a : b = 2 : 3$; II. $a \cdot b = 384$
Auflösen der 1. Gleichung nach a und Einsetzen in die 2. Gleichung führt zur quadratischen Gleichung:
$b^2 = 576$
Die negative Lösung ist hier ohne Bedeutung.
Alternative: Durch Aufstellen der Gleichung $2a \cdot 3a = 384$
erhältst du $a = 8$.
Du findest so die Seitenlängen $2 \cdot 8 = 16$ cm und $3 \cdot 8 = 24$ cm.

21. a) Ein 7-Eck hat 14 Diagonalen. *Seite 33*
$d_{7\text{-Eck}} = (7 \cdot 4 \text{ Diagonalen}) : 2 = 14 \text{ Diagonalen}$
b) Ein n-Eck hat $\frac{1}{2} n \cdot (n - 3)$ Diagonalen.
$d_{n\text{-Eck}} = (n \cdot (n - 3) \text{ Diagonalen}) : 2 = [n \cdot (n - 3)] : 2 = \frac{1}{2} n \cdot (n - 3)$
c) Ein 10-Eck hat 35 Diagonalen.
Diagonalenanzahl in die gefundene Formel einsetzen,
also: $\frac{1}{2} n \cdot (n - 3) = 35$
Normalform: $n^2 - 3n - 70 = 0$
Die negative Lösung ist hier wieder ohne Bedeutung.
d) Das 5-Eck hat genauso viele Ecken wie Diagonalen.
Wir setzen für $d = n$ ein und erhalten so die
Normalform: $n^2 - 5n = 0$
Die zweite Lösung $n = 0$ hat keine praktische Bedeutung.

22. a) Es werden 36 mal die Hände geschüttelt.
b) Wenn bei 9 Männern jeder jedem die Hand schüttelt, müssen 9 Männer 8 mal die Hand schütteln, also $n \cdot (n - 1)$. Um doppeltes Händeschütteln zu berücksichtigen, ist das Ergebnis noch zu halbieren.
Damit ergibt sich für die Anzahl h des Händeschüttelns die Formel
$h = \frac{1}{2} n \cdot (n - 1)$
Im Prinzip wird die gleiche Strategie wie in Aufgabe 21 angewendet, aber jetzt müssen die Linien gezählt werden, also Seiten plus Diagonalen. Bild 31.1 ist also auch eine Probefigur für das Händeschütteln unter 6 Männern.

23. Es existieren 27495 Telefonverbindungen innerhalb der Bank. Für die Berechnung der Anzahl t der möglichen Telefonverbindungen hilft der Lösungsgedanke von Aufgabe 22: $t = (235 \cdot 234) : 2$

24. Zwischen 15 Millionen PC gibt es 112,4999925 Billionen (112.499.992.500.000) mögliche Internetverbindungen.
Gleicher Lösungsgedanke wie in den Aufgaben 22 und 23. Tipp: Diese Aufgabe solltest du noch einmal lösen, wenn du im Kapitel „Potenzen" auch den Abschnitt über die Darstellung großer Zahlen mithilfe von Zehnerpotenzen bearbeitet hast.

25. a) Nach ca. 4,63 s hat der Sportwagen die Geschwindigkeit von $100 \frac{km}{h}$ erreicht. *Seite 35*
Ansatz: Formel $v = a \cdot t$ auflösen nach t. Da du auf die Einheiten achten musst, ist zunächst v in $\frac{m}{s}$ umzurechnen.

b) Er legt dabei einen Weg s von ca. 64,30 m zurück.
Ansatz: t = 4,63 s (Lösung von a) und $a = 6\ \frac{m}{s}$ einsetzen in die Gleichung $s = \frac{a}{2} \cdot t^2$

c) Nach 10 s fährt er mit einer Geschwindigkeit von 216 $\frac{km}{h}$.
Lösungsweg:
(1) Beschleunigung $a = 6\ \frac{m}{s}$ und Zeit t = 10 s in die Gleichung $v = a \cdot t$ einsetzen ergibt $v = 60\ \frac{m}{s} = 60 \cdot 3,6 \frac{km}{h} = 216 \frac{km}{h}$
(2) Nach weiteren 10 Sekunden ist er dann schon insgesamt 900 m vom Startpunkt entfernt.
(3) Die Gesamtstrecke s setzt sich zusammen aus der Strecke s_1 mit gleichmäßig beschleunigter Bewegung und der Strecke s_2 mit gleichförmiger Bewegung, also:
$s = s_1 + s_2 = \frac{a}{2} \cdot t^2 + v \cdot t$ = 300 m + 600 m = 900 m

26. a) Der neue Wagen von Herrn Müller hat eine Beschleunigung a von 2,67 $\frac{m}{s^2}$.
Ansatz: Gleichung $v = a \cdot t$ nach a auflösen und
$v = 100\ \frac{km}{h} = 100 : 3,6\ \frac{m}{s} = 27,778\ \frac{m}{s}$
sowie t = 10,4 s einsetzen.

b) Um in 10,4 s auf eine Geschwindigkeit von 100 $\frac{km}{h}$ zu kommen, muss eine Strecke von 144,39 m zurückgelegt werden.
Ansatz: Beschleunigung a = 2,67 $\frac{m}{s^2}$ (Lösung von a) und Zeit t = 10,4 s einsetzen in die Gleichung für die gleichmäßig beschleunigte Bewegung:
$s = \frac{a}{2} \cdot t^2 = 1,335 \cdot 10,4^2$ = 144,39 m

27. Carlos Auto müsste eine Bremsverzögerung von a = 8,89 $\frac{m}{s^2}$ haben, um mit einem Anhalteweg von 50 m auszukommen.
Ansatz: Da Carlo 22,22 m Reaktionsweg benötigt, steht nur noch ein Bremsweg s_B = 27,78 m zur Verfügung.
Es gilt (1) $v = a \cdot t$ und (2) $s_B = \frac{a}{2} \cdot t^2$
Auflösen von (1) nach t und Einsetzen in (2) ergibt
$s_B = \frac{a}{2} \cdot \frac{v^2}{a^2} = \frac{v^2}{2a}$.
Hier setzt du den Bremsweg s_B = 27,78 m und die Geschwindigkeit $v = 80\ \frac{km}{h} = 80 : 3,6\ \frac{m}{s} = 22,22\ \frac{m}{s}$ ein.
Auflösung der Gleichung nach a ergibt die Bremsverzögerung
a = $\frac{22,222^2 m}{2 \cdot 27,78 s^2}$ = 8,89 $\frac{m}{s^2}$.

28. a) Nach ungefähr 4 Sekunden schlägt der Stein unten auf.
Lösungsweg: Du setzt die Höhe s = 80 m und die Fallbeschleunigung g = 9,81 $\frac{m}{s^2}$ in die Gleichung $s = \frac{g}{2} \cdot t^2$ ein.
Diese Gleichung nach t auflösen ergibt t = 4,04 s.

b) Der Findling hat dann eine Geschwindigkeit von 39,63 $\frac{m}{s}$.
Ansatz: Die in a) gefundene Zeit t = 4,04 s und g = 9,81 $\frac{m}{s^2}$ in die Gleichung $v = g \cdot t$ einsetzen.

c) Jetzt dauert es nur noch 3,15 s, bis der Findling unten ankommt.
Lösungsgedanke: Die Strecke von 80 m wird zurückgelegt durch **Überlagerung** einer gleichförmigen Bewegung und einer beschleunigten Bewegung (freier Fall) **in gleicher Richtung**.
Ansatz: (1) Die Addition beider Bewegungen ergibt die Gleichung
$s = v \cdot t + \frac{g}{2} \cdot t^2 \Rightarrow \frac{g}{2} \cdot t^2 + v \cdot t = 80$
(2) Durch Auflösung dieser Gleichung nach t erhältst du die
Normalform: $t^2 + 2,039 \cdot t - 16,31 = 0$
mit den Lösungen $t_1 \approx 3,15$ und $t_2 \approx -5,18$
Die negative Lösung hat hier keine praktische Bedeutung.

d) Nach rund 3,1 Sekunden erlebt Bumbo die nächste böse Überraschung: Der Stein fällt ihm wieder auf den Kopf!
Lösungsgedanke: **Überlagerung** einer gleichförmigen Bewegung $s_{auf} = v \cdot t$ und einer beschleunigten Bewegung (freier Fall) $s_{ab} = \frac{g}{2} \cdot t^2$ **in entgegengesetzter Richtung**:
Ansatz:
(1) Da beide Bewegungen sich überlagern, erhältst du
$s = s_{auf} - s_{ab} = v \cdot t - \frac{g}{2} \cdot t^2$
(2) Auflösen dieser Gleichung nach t ergibt $t^2 - \frac{2v}{g} \cdot t - \frac{2s}{g} = 0$
(3) Setzen wir $v = 15\ \frac{m}{s}$ und $s = 0$ m ein, so erhalten wir die Zahlengleichung $t^2 - 3{,}058 \cdot t = 0$
mit den Lösungen $t_1 = 0$ und $t_2 \approx 3{,}06$
(t_1 ist ohne praktische Bedeutung).

Lösungen zu Kapitel C

Seite 36

zu 1 Potenzbegriff – Potenzgesetze

T 1	a) 3^4	b) a^5	c) $a^2 \cdot b^2 = (a \cdot b)^2$
	d) $\frac{1}{2^4} = \left(\frac{1}{2}\right)^4 = 2^{-4}$	e) $a^1 = a$	f) $\frac{1}{x^2} = \left(\frac{1}{x}\right)^2$
	g) $7^{\frac{1}{2}}$	h) $a^{\frac{1}{3}}$	i) $(x^2)^{\frac{1}{4}} = x^{\frac{1}{2}}$
T 2	a) 3^7	b) 4^2	c) 5^6
	d) $(a \cdot b \cdot c)^6$	e) b^2	f) x^6

T 3 $a^m \cdot a^n = \underbrace{a \cdot \ldots\ldots\ldots \cdot a}_{m\text{ Faktoren}} \cdot \underbrace{a \cdot \ldots\ldots\ldots \cdot a}_{n\text{ Faktoren}} = \underbrace{a \cdot \ldots\ldots\ldots \cdot a}_{(m+n)\text{ Faktoren}} = a^{m+n}$

Seite 37

1.	a) $2^7 = 128$	b) $3^2 = 9$	c) $6^4 = 1296$
	d) $2^5 = 32$	e) $2^\circ = 1$	f) $5^3 = 125$
	g) $6^1 = 6$	h) $2^{-2} = \frac{1}{4}$	i) $2^6 = 64$
	j) $3^6 : 3^4 = 3^2 = 9$	k) $2^\circ = 1$	l) $\left(\frac{3}{2}\right)^\circ = 1$
2.	a) $12^2 = 144$	b) $24^2 = 576$	c) $(-2)^6 = 64$
	d) $2^4 = 16$	e) $3^{-2+2} = 3^\circ = 1$	f) $2^{-2+3} = 2^1 = 2$
	g) $(0{,}25 \cdot 4)^2 = 1^2 = 1$	h) $(-5)^{2+(-3)} = (-5)^{-1} = \left(-\frac{1}{5}\right)$	i) $2^8 = 256$
	j) $3^\circ = 1$	k) $0{,}5^{-4} \cdot 2^3 = 2^4 \cdot 2^3 = 2^7 = 128$	l) $-2^{-3} : (-2^{-6}) = -2^3 = -8$

Seite 38

3.	a) $\sqrt{144} = 12$	b) $\sqrt{4} = 2$	c) $\sqrt{4} = 2$
	d) $\sqrt[3]{216} = 6$	e) $a^{\frac{1}{2}-\frac{1}{3}} = a^{\frac{1}{6}} = \sqrt[6]{a}$	f) $a^{\frac{1}{3}-\frac{1}{2}} = a^{-\frac{1}{6}} = \frac{1}{\sqrt[6]{a}}$
	g) $a^{\frac{6}{3}} = a^2$	h) $\sqrt[6]{a}$	i) $\sqrt[6]{a^6} = a^{\frac{6}{6}} = a^1 = a$
	j) 2	k) 4	l) 6

Seite 39

zu 2 Rechnen mit Potenzen

T 1	a) $27a^6$	b) x^6	c) $0{,}125a^9$
	d) $3x$	e) $2a^4$	f) x^2
	g) $8a^3b^4$	h) a^3b^6	i) a^2b
T 2	a) $\frac{3^4 \cdot 5}{3^3} = 15$	b) $\frac{2^4 \cdot 3^3}{3^2} = 2^4 \cdot 3 = 48$	c) $\frac{a^6 \cdot a^4}{a^6} = a^4$
	d) $\frac{2^2 \cdot 3^2}{2^3 3^2} = \frac{1}{2}$	e) $\frac{108}{2} = 54$	f) $2^3 \cdot 2^3 \cdot 2^{-5} = 2^1 = 2$
	g) $225^{\frac{1}{2}} = 15$	h) $12 \cdot 2 = 24$	i) $64^{\frac{1}{2}} = 8$

T 3	a) 1024	b) 3888	c) 3,90625	d) 8,66025
	e) 4,21716	f) 2,23607	g) 2,16506	h) 2

Seite 40

4.	a) 42	b) 4	c) 486	d) 567
	e) 216	f) 19	g) 17	h) 20

5.	a) $24a^9$	b) $12a^5$	c) $2a^8$
	d) $0{,}5ab^{-1} = \frac{a}{2b}$	e) $(ab)^5$	f) -2
	g) a^2	h) $2a^{-1} = \frac{2}{a}$	i) $\frac{a^4}{10} = 0{,}1a^4$
	j) $a^{-6} = \frac{1}{a^6}$	k) x^2	l) $2^{-3} = \frac{1}{2^3} = \frac{1}{8}$
6.	a) $(a^8b^{12})^{\frac{1}{4}} = a^2b^3$	b) a^3b^5	c) $\sqrt{a^3b^4} = a^{\frac{3}{2}}b^2$
	d) $ab^{-2} = \frac{a}{b^2}$	e) $\sqrt[3]{\frac{1}{a^3b^6}} = \frac{1}{ab^2}$	f) $\sqrt{\frac{1}{a}} = a^{-\frac{1}{2}}$
	g) $a^{-2} = \frac{1}{a^2}$	h) $a^{3n^2 \cdot \frac{1}{n}} = a^{3n}$	

i) $a^{(n+2) \cdot \frac{1}{n}} = a^{1+\frac{2}{n}} = a \cdot a^{\frac{2}{n}} = a\sqrt[n]{a^2}$

7.	a) 0,0187	b) 1,4693	c) 2,5937	d) 1,1046
	e) 442,8617	f) 510,5126	g) 5,6811	h) 6,8519
	i) 2,6458	j) 2,0801	k) 1,7783	l) 1,8206

zu 3 Zehnerpotenzen

Seite 41

T 1 a) 1 000 000 b) 10 000 000 000 c) 0,01 = $\frac{1}{100}$
d) 0,00001 = $\frac{1}{100\,000}$ e) 1 300 f) 900 000
g) 0,0012 = $\frac{12}{10\,000}$ h) 0,00000001 = $\frac{1}{100\,000\,000}$

T 2 a) 1 000 km b) 78 km c) 3,4 km d) 3 km

T 3 a) 5 000 000 m b) 4 m c) 10 m
d) 35 000 m e) 9,8 m f) 0,8624 m

T 4 a) $0{,}7 \cdot 10^9$ W b) $1{,}3 \cdot 10^6$ kW c) $3 \cdot 10^3$ MW
d) $1{,}4 \cdot 10^7$ g e) $8 \cdot 10^4$ kg f) $23{,}0 \cdot 10^6$ mg

Seite 42

8. a) $7{,}2 \cdot 10^7$ b) $1{,}23 \cdot 10^8$ c) $2{,}345 \cdot 10^9$ d) $9{,}99 \cdot 10^5$
e) $9 \cdot 10^{-6}$ f) $0{,}9 \cdot 10^{-6}$ g) $2{,}46 \cdot 10^{-5}$ h) $7{,}8 \cdot 10^{-8}$

9. a) 6 370 000 000 b) 450 000 000 c) 4 600 000 000 000
d) 550 000 e) 0,0000035 f) 0,0005
g) 0,00000095 h) 0,00000003

10. a) $1{,}2 \cdot 10^{-3}$ b) $1{,}23 \cdot 10^{-2}$ c) $3{,}4 \cdot 10^{-5}$
d) $4{,}5 \cdot 10^{-6}$ e) $7{,}2 \cdot 10^{-4}$ f) $8{,}1 \cdot 10^{-8}$
g) $2{,}1 \cdot 10^7$ h) $5{,}9 \cdot 10^8$ i) $6{,}7 \cdot 10^{12}$

11. a) 10 705 g b) 347 μm c) 5,4 l
d) 28 μm e) 4,5 nm f) 0,008 mm

12. a) 31,8 kV b) 101,3 kPa c) 2,016 A
d) 115,59 km^2 e) 2677 t f) 230 MWh
g) 21 023 Mio t h) $3{,}9 \cdot 10^6$ GWh i) $14\,490 \cdot 10^{18}$ TJ

zu 4 Aufgaben zur Leistungsüberprüfung

Seite 43

13. a) 1995 betrug die verbrauchte Wassermenge 3,946 Mrd. m^3.
Lösungsweg: $132 \frac{l}{Einw. \cdot Tg.} \cdot 365\,Tg. \cdot 81{,}9 \cdot 10^6$ Einw.
= 3 945,942 Mrd. l = 3,946 Mrd. m^3

b) Die Wärmekraftwerke verbrauchten ca. 27,744 Mrd m^3 Kühlwasser. Das entspricht etwa dem 7-fachen der von den Privathaushalten verbrauchten Wassermenge.

c) Die Wärmekraftwerke entnehmen das Kühlwasser in der Regel direkt den Flüssen – sie verbrauchen also nicht unmittelbar Trinkwasser.

14. a) 1997 betrug der Primärenergieverbrauch 4,025 Billionen kWh.
Lösungsweg: $14\,490 \cdot 10^{15}\,J \cdot 2{,}778 \cdot 10^{-7} \frac{kWh}{J}$
= $4{,}025 \cdot 10^{12}$ kWh = 4,025 PWh

b) 1997 betrug der Energieverbrauch 49 MWh pro Kopf.
Lösungsweg: $4{,}025 \cdot 10^{12}$ kWh : $(82{,}057 \cdot 10^6)$ Einw.
= $0{,}049 \cdot 10^6 \frac{kWh}{Einw.} = 49 \frac{MWh}{Einw.}$

Lösungen zu Kapitel D

Seite 44

zu 1 Wertetabellen und Graphen

T 1

t	s
…	…
4	80
5	125

T 2

t	b
…	…
4	10 125,0
5	15 187,5

T 3

t	b
…	…
4	11
5	13

T 4

t	s
…	…
4	?
5	?

T5 bzw. **T**6

t	b	
0	10 000	
1	8000	· 0,8
2	6400	· 0,8
3	5120	· 0,8
4	4096	· 0,8
5	3276,8	· 0,8
6	2621,4	· 0,8
7	2097,2	· 0,8
8	1677,7	· 0,8
9	1342,2	· 0,8
10	1073,7	· 0,8

Zum Zeitpunkt t = 10 beträgt der Bestand b ≈ 1074.

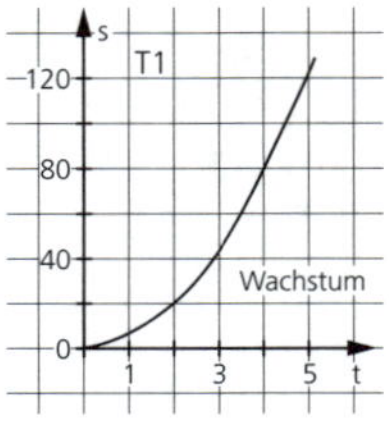

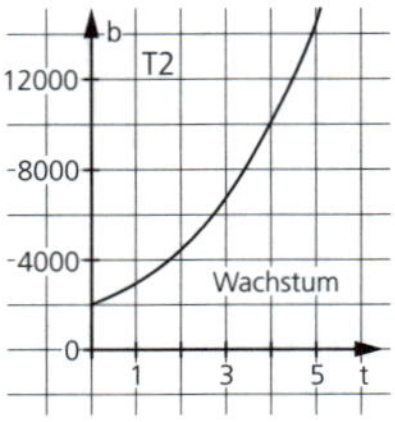

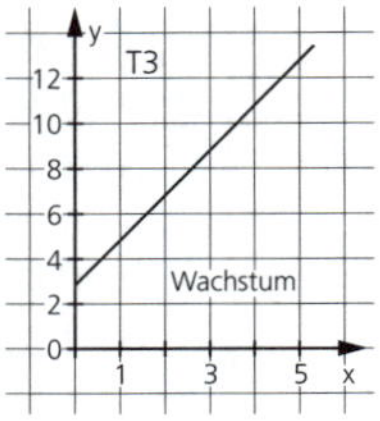

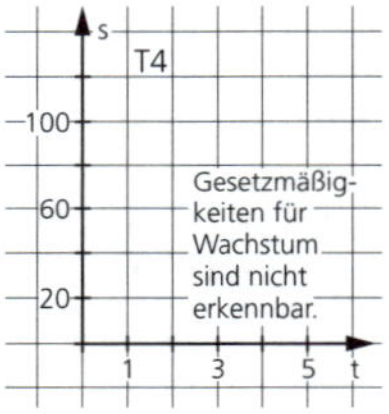

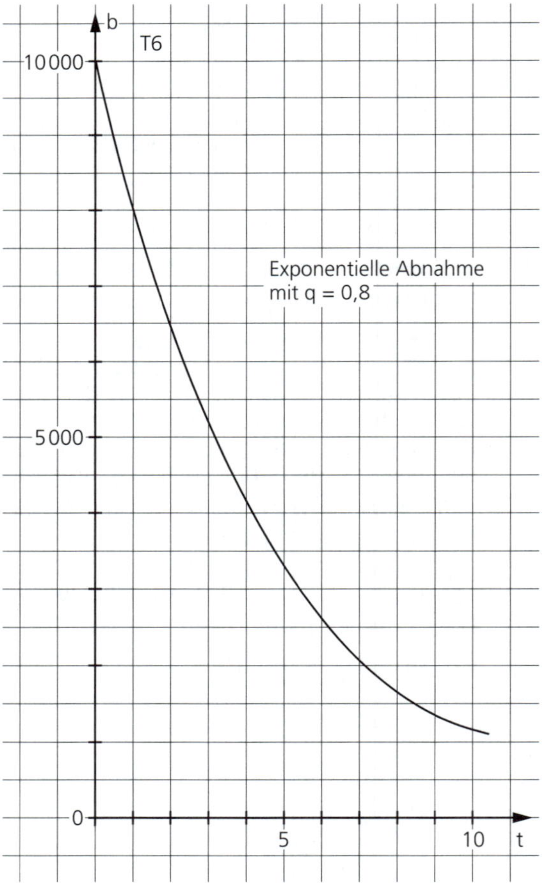

1. a)

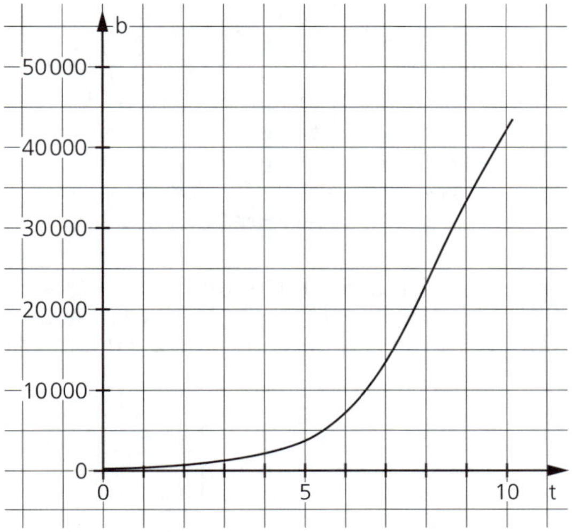

Seite 45

b) Siehe Tabelle S. 46 oben

c) Von t = 0 bis t = 7 gilt:
$b_{t+1} = b_t \cdot 2$
in diesem Intervall ist q = 2 und es gilt:
$b_t = 100 \cdot 2^t$.

2.

Seite 46

a)

z_1	40
z_2	56
z_3	78,4
z_4	109,76

Zuwächse um den Faktor q = 1,4

b)

z_1	– 80
z_2	– 64
z_3	– 51,2
z_4	– 40,96

Zuwächse um den Faktor q = 0,8

c)

z_1	$0{,}12 \cdot 10^9$
z_2	$0{,}122 \cdot 10^9$
z_3	$0{,}119 \cdot 10^9$
z_4	$0{,}121 \cdot 10^9$

Zuwächse fast konstant: Faktor $q \approx 1{,}0$

d)

z_1	0,1000
z_2	0,1100
z_3	0,1210
z_4	0,1331
z_5	0,1464

Zuwächse um den Faktor q = 1,1

e)

z_1	0,32
z_2	0,82
z_3	0,68
z_4	0,54
z_5	0,91

Zuwächse stark schwankend, aber immer positiv

f)

z_1	– 50
z_2	– 45
z_3	– 40,5
z_4	– 36,45
z_5	– 32,8

Zuwächse um den Faktor q = 0,9

Exponentielles Wachstum in den Tabellen a) und d); exponentielle Abnahme (negatives exponentielles Wachstum) in den Tabellen b) und f).

Achtung:
In den gegebenen Wertetabellen treten in d) und in f) gerundete Werte auf.
Die entsprechenden Wachstumsfaktoren wurden ebenfalls sinnvoll gerundet.

3. b)

Seite 46

x	y
...	...
5	26
6	37
7	50
8	65
9	82
10	101

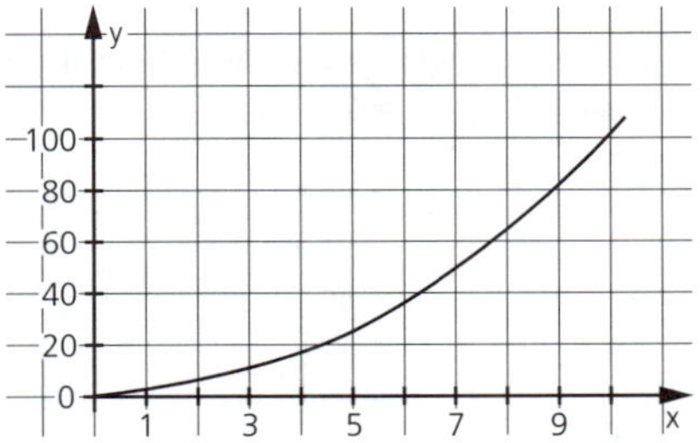

z_1	1	
		+ 2
z_2	3	
		+ 2
z_3	5	
		+ 2
z_4	7	
		+ 2
z_5	9	

Die Zuwächse steigen um den festen Betrag + 2. Also liegt quadratisches Wachstum vor.
Die zugehörige Wachstumsgleichung lautet: $y = x^2 + 1$.

z_1	1	· 2
z_2	2	· 2
z_3	4	· 2
z_4	8	· 2
z_5	16	

c)

x	y
…	…
5	33
6	65
7	129
8	257
9	513
10	1025

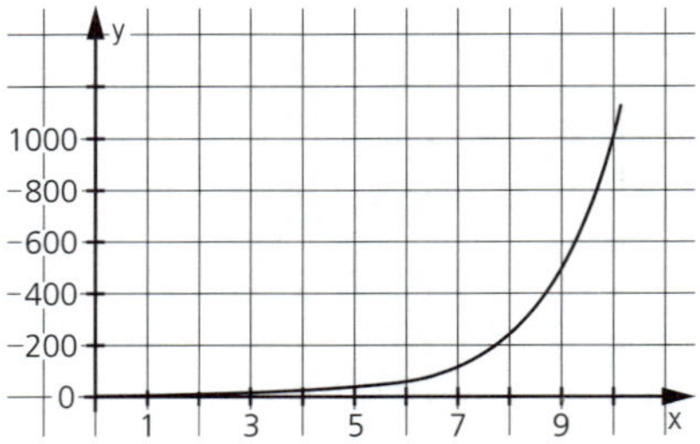

Die Zuwächse steigen um den festen Faktor q = 2. Also liegt exponentielles Wachstum vor. Die y-Werte selbst wachsen jedoch nicht um einen festen Faktor. Also liegt eine Funktion der Form $y = a \cdot 2^x + d$ vor, in diesem Fall: $y = 2^x + 1$.

z_1	1	· 1,5
z_2	1,5	· 1,5
z_3	2,25	· 1,5
z_4	3,375	· 1,5
z_5	5,063	

d)

x	y
…	…
5	14,188
6	21,781
7	33,172
8	50,258
9	75,887
10	114,330

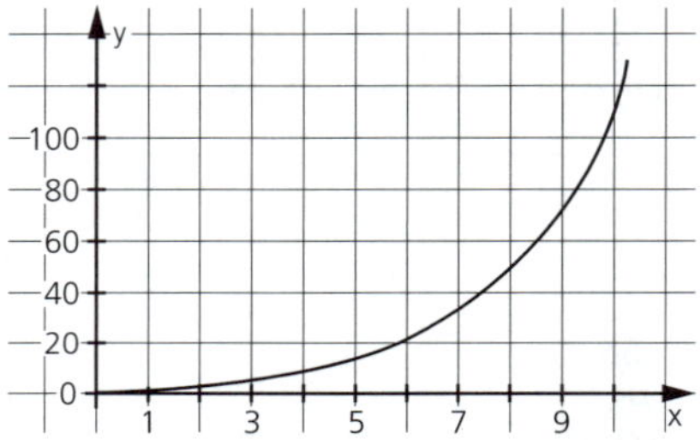

Die Zuwächse steigen um den festen Faktor q = 1,5. Also liegt exponentielles Wachstum vor. Die y-Werte selbst wachsen jedoch nicht um einen festen Faktor. Also liegt eine Funktion der Form $y = a \cdot 1{,}5^x + d$ vor, in diesem Fall: $y = 2 \cdot 1{,}5^x - 1$.

e) Nicht lösbar. Weder lineare, noch quadratische noch exponentielle Abnahme.

z_1	2,5
z_2	2,5
z_3	2,5
z_4	2,5
z_5	2,5

f)

x	y
…	…
5	14,5
6	17
7	19,5
8	22
9	24,5
10	27

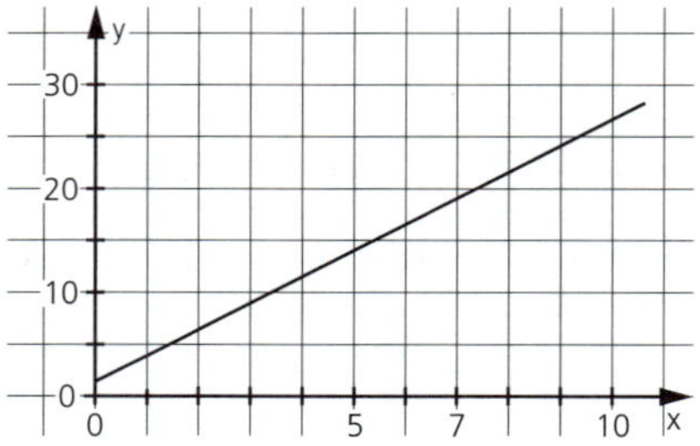

Die Zuwächse bleiben gleich. Also liegt lineares Wachstum vor mit der Funktionsgleichung: $y = 2{,}5 \cdot x + 2$.

z_1	0,1	· 2
z_2	0,2	· 2
z_3	0,4	· 2
z_4	0,8	· 2
z_5	1,6	

g)

x	y
…	…
5	4,2
6	7,4
7	13,8
8	26,6
9	52,2
10	103,4

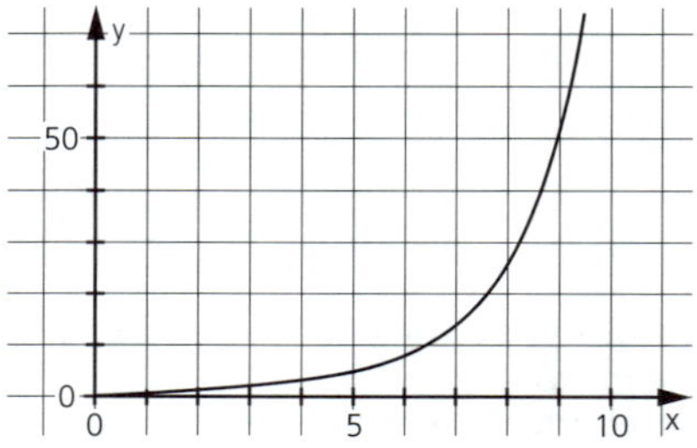

Die Zuwächse steigen um den festen Faktor **q = 2**. Also liegt exponentielles Wachstum vor. Die y-Werte selbst wachsen jedoch nicht um einen festen Faktor. Also liegt eine Funktion der Form $y = a \cdot 2^x + d$ vor, in diesem Fall: $y = 0{,}1 \cdot 2^x + 1$.

h)

x	y
…	…
5	16
6	22
7	29
8	37
9	46
10	56

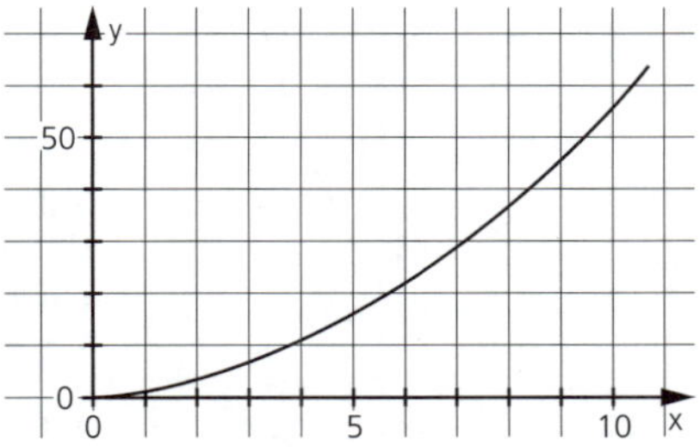

z_1	1	
		+ 1
z_2	2	
		+ 1
z_3	3	
		+ 1
z_4	4	
		+ 1
z_5	5	

Die Zuwächse steigen um den festen Betrag **+ 1**. Also liegt quadratisches Wachstum vor. Die zugehörige Wachstumsgleichung lautet:
$y = 0{,}5 \cdot x^2 + 0{,}5x + 1$.

Seite 48

4.

Monat	Fall 1		Fall 2		Fall 3	
	Weite in (cm)	z in (cm)	Weite in (cm)	z in (cm)	Weite in (cm)	z in (cm)
April	450		450		450	
Mai	460	10	452	2	452	2
Juni	470	10	458	6	456	4
Juli	480	10	468	10	464	8
Aug.	490	10	482	14	480	16
Sept.	500	10	500	18	512	32
Okt.	510	10	522	22	576	64

Fall 1: Lineares Wachstum (Zuwachs (=10) bleibt gleich).
Fall 2: Quadratisches Wachstum (Zuwachs nimmt um einen festen Betrag (+4) zu).
Fall 3: Exponentielles Wachstum (Zuwachs nimmt um einen festen Faktor (2) zu).

5.

Monat	April	Mai	Juni	Juli	Aug.	Sept.	Okt.
Weite in cm	440	441	444	453	480	561	804
z in cm		1	3	9	27	81	243

Das ist ein Beispiel für exponentielles Wachstum, denn z wächst um den Faktor 3. Annette wäre damit im Oktober 8,04 m weit gesprungen – und damit wohl die Nachfolgerin von Heike Drechsler!?

zu 2 Verschiedene Wachstumsfunktionen

Seite 49

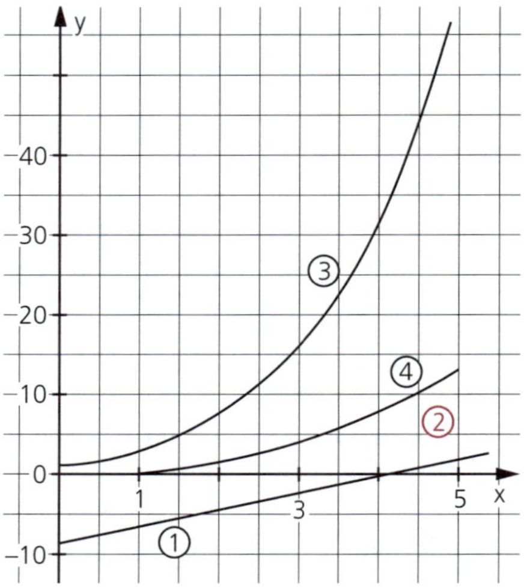

T 1 Lineares Wachstum, da Zuwachs konstant (m = 2), also y = 2 · x – 8.

T 2 Wachstumsfunktion ohne erkennbare Gesetzmäßigkeit.

T 3 Exponent. Wachstum; denn Zuwachs nimmt um festen Faktor (q = 2) zu, also $y = a \cdot q^x = 2 \cdot 2^x$.

T 4 Quadratisches Wachstum, denn Zuwachs nimmt um festen Betrag (+ 1) zu.

Seite 50

	6. a)		**7.** a)		**8.** a)	
x	y	z	y	z	y	z
0	– 1,5		8,5		0	
1	1	2,5	8	– 0,5	0,75	0,75
2	3,5	2,5	7,5	– 0,5	1,5	0,75
3	6	2,5	7	– 0,5	2,25	0,75
4	8,5	2,5	6,5	– 0,5	3	0,75
5	11	2,5	6	– 0,5	3,75	0,75
6	13,5	2,5	5,5	– 0,5	4,5	0,75
7	16	2,5	5	– 0,5	5,25	0,75
8	18,5	2,5	4,5	– 0,5	6	0,75

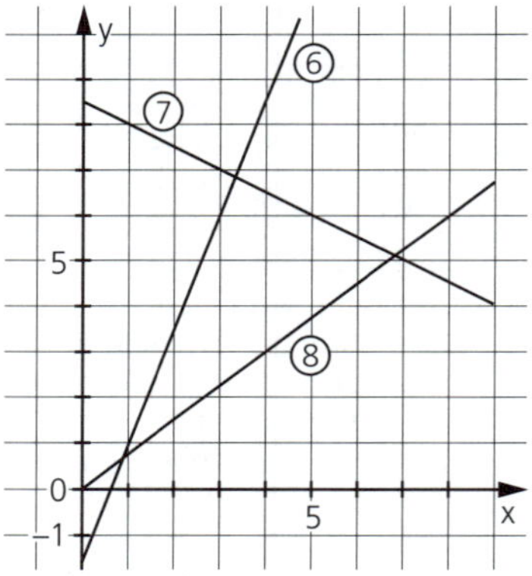

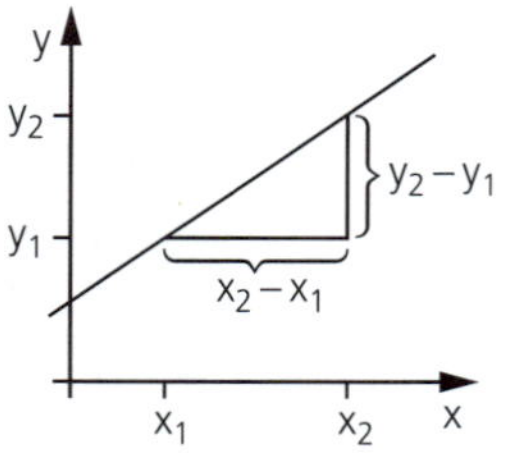

y = – 0,5 · x + b
6 = – 0,5 · 5 + b
b = 8,5

b) Die Zuwächse der linearen Funktionen haben immer den gleichen Wert, wie du jeweils an der Spalte für z erkennst.

c) Aufgabe 6: Du setzt zwei benachbarte Wertepaare in die Funktionsgleichung ein und erhältst z. B.:

I. 6 = m · 3 – 1,5
II. 8,5 = m · 4 – 1,5
II.–I. 2,5 = m

Genauso kannst du bei den Aufgaben 7 und 8 vorgehen.

d) Mithilfe des Steigungsdreiecks kannst du die Steigung m einer Geraden am Graphen ablesen und natürlich auch berechnen:

$m = \frac{y_2 - y_1}{x_2 - x_1}$, also z. B. in Aufgabe 7: $m = \frac{6{,}5-7}{4-3} = \frac{-0{,}5}{1} = -0{,}5$

Die Hochachse wird in Aufgabe 7 bei 8,5 geschnitten, also b = 8,5, insgesamt folgt daraus: y = – 0,5 · x + 8,5.

Du kannst b aber auch berechnen, indem du ein Wertepaar in die Funktionsgleichung einsetzt (siehe Rand).

e) Jeder Graph einer proportionalen Funktion verläuft durch den Ursprung (0 | 0) des Achsenkreuzes. Die Funktion enthält also die Wertepaare (0 | 0) und (1 | m), in Aufgabe 8 also das Wertepaar (1 | 0,75).

Seite 50

9. a) **10.** a)

x	y (9.)	z (9.)	y (10.)	z (10.)
0	0		10	
1	0,1	0,1	9,8	– 0,2
2	0,4	0,3	9,2	– 0,6
3	0,9	0,5	8,2	– 1
4	1,6	0,7	6,8	– 1,4
5	2,5	0,9	5	– 1,8
6	3,6	1,1	2,8	– 2,2

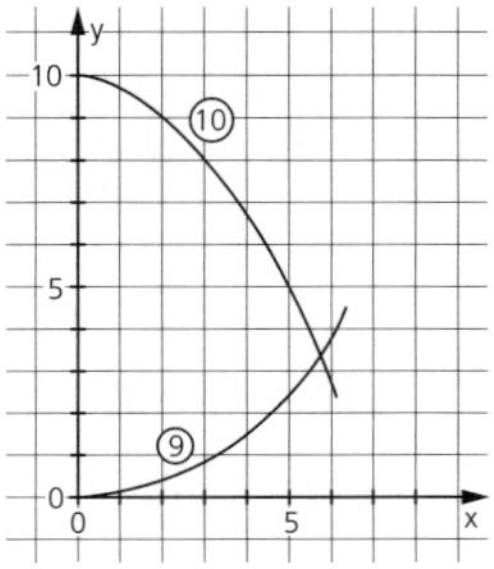

Seite 50

11.

t	s	z
0	0	
1	4,905	4,905
2	19,62	14,715
3	44,145	24,525
4	78,48	34,335
5	122,625	44,145
6	176,58	53,955
7	240,345	63,765
8	313,92	73,575
9	397,305	83,385
10	490,5	93,195

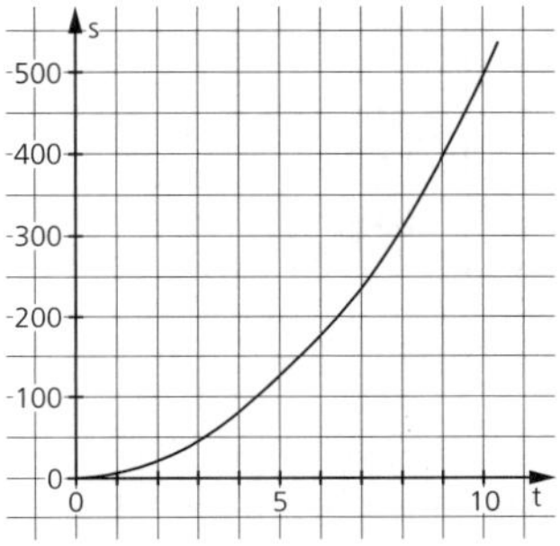

c) Die Zuwächse zweier aufeinander folgender y-Werte unterscheiden sich um einen festen Wert 2 · a:
in Aufg. 9: 2 · 0,1 = 0,2 (Quadratisches Wachstum)
in Aufg. 10: 2 · (– 0,2) = – 0,4 (Quadratische Abnahme)
in Aufg. 11: 2 · 4,905 = 9,81 (Quadratisches Wachstum)

Seite 51

12.

x	y	z
0	1,1	
1	1,2	0,1
2	1,4	0,2
3	1,8	0,4
4	2,6	0,8
5	4,2	1,6
6	7,4	3,2
7	13,8	6,4
8	26,6	12,8

13.

x	y	z
0	10	
1	7,5	– 2,5
2	6,25	– 1,25
3	5,625	– 0,625
4	5,3125	– 0,3125
5	5,1563	– 0,1563
6	5,0781	– 0,0781
7	5,0391	– 0,0391
8	5,0195	– 0,0195

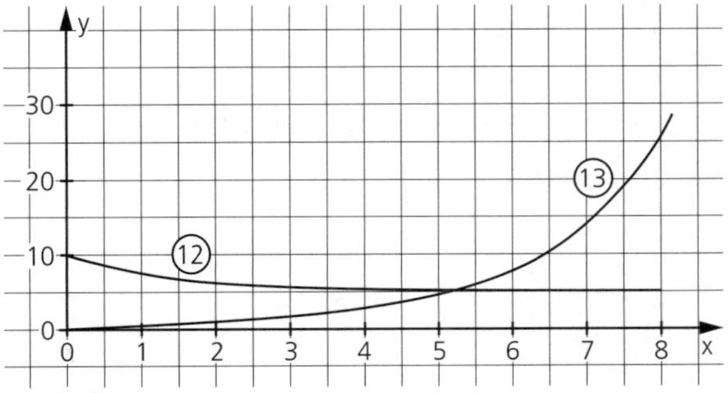

12. c:
$z_2 = 0,1 \cdot 2 = 0,2$
$z_3 = 0,2 \cdot 2 = 0,4$
$z_4 = 0,4 \cdot 2 = 0,8$
usw.
$\Rightarrow q = 2$

13. c:
$z_2 = -2,5 \cdot 0,5 = -1,25$
$z_3 = -1,25 \cdot 0,5 = -0,625$
$z_4 = -0,625 \cdot 0,5$
$= -0,3125$
usw.
$\Rightarrow q = 0,5$

14. c:
$z_2 = 5{,}00€ \cdot 1{,}05 = 5{,}25€$
$z_3 = 5{,}25$
$€ \cdot 1{,}05z = 5{,}51\,€$
$z_4 = 5{,}51\,€ \cdot 1{,}05 = \ldots€$
usw.

14.

n	0	1	2	3	...	14	15
K	100,0 €	105,00 €	110,25 €	115,76 €	...	197,99 €	207,89 €
z		5,00 €	5,25 €	5,51 €	...	9,43 €	9,90
q			1,05	1,05	...	1,05	1,05

Das Kapital hat sich also nach 15 Jahren verdoppelt.

Seite 51

Achtung: Gerundete Funktionswerte in Aufg. 15 und Aufg. 16.

	15. a)	**16.** a)	**17.** a)
x	y	y	y
0	5,00	7,00	10
1	4,00	6,00	9,2
2	3,20	5,20	8,4
3	2,56	4,56	7,6
4	2,05	4,05	6,8
5	1,64	3,64	6
6	1,31	3,31	5,2
7	1,05	3,05	4,4
8	0,84	2,84	3,6
9	0,67	2,67	2,8
10	0,54	2,54	2

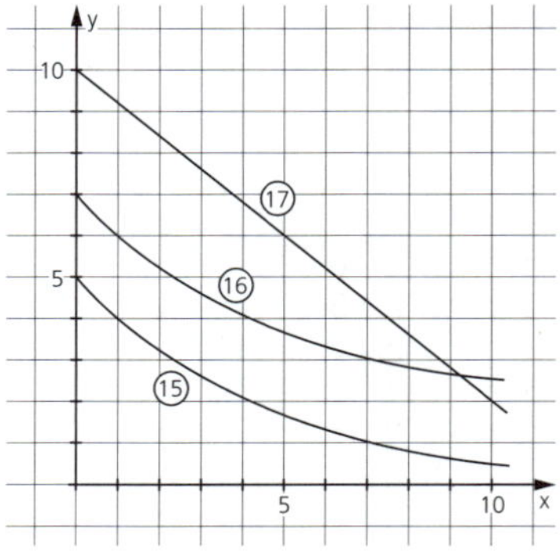

15. c): Funktionstyp $y = a \cdot q^x$, mit $0 < q < 1$, also exponentielle Abnahme (negatives exponentielles Wachstum).

16. c): Funktionstyp $y = a \cdot q^x + d$, mit $0 < q < 1$, also exponentielle Abnahme (negatives exponentielles Wachstum). Funktionsgraph gegenüber Graph von $y = 5 \cdot 0{,}8^x$ um $d = +2$ nach oben verschoben.

17. c): Funktionstyp $y = m \cdot x + b$, mit $m < 0$, also lineare Abnahme. Graph im Vergleich zur Geraden $y = -0{,}8 \cdot x$ um $b = +10$ nach oben verschoben.

18.
a) $y = m \cdot x + b$ — lineares Wachstum wegen $m > 0$
b) $y = a \cdot x^2 + b$ — quadratisches Wachstum wegen $a > 0$
c) $y = a \cdot q^x + d$ — exponentielles Wachstum wegen $q > 1$
d) $y = m \cdot x + b$ — lineare Abnahme wegen $m < 0$
e) $y = a \cdot q^x + d$ — exponentielle Abnahme wegen $0 < q < 1$
f) $y = a \cdot x^2 + b$ — quadratische Abnahme wegen $a < 0$

19. a) „... eine einfache Exponentialfunktion mit a = 8 und q = 0,5 sein."
Begründung: Nur bei Exponentialfunktionen der Form $y = a \cdot q^x$ nähert sich der Graph der x-Achse. Im Beispiel schneidet die Kurve die y-Achse im Punkt (0|8). Also ist a = 8.

Den Wert für q erhält man durch Einsetzen der Werte von (1|4) in die Gleichung $y = 8 \cdot q^x$

b) Spiegeln wir den Graphen der Funktion $y = a \cdot q^x$ an der y-Achse, so erhalten wir einen Graphen mit der Funktionsgleichung $y = a \cdot (\frac{1}{q})^x$, im Beispiel $y = 8 \cdot 2^x$. So wird aus einer Abnahmefunktion eine Wachstumsfunktion (und umgekehrt).

zu 3 Aufgaben zur Leistungsüberprüfung: Konkrete Wachstumsprozesse

Seite 53

20.
a) $K_{12} = 5000\,€ \cdot 1{,}065^{12} = 10\,645{,}48\,€$
b) $K_{10} = 8000\,€ \cdot 1{,}07^{10} = 15\,737{,}21\,€$
c) $K_3 = 12\,500\,€ \cdot 1{,}055^3 = 14\,678{,}02\,€$
d) $K_5 = 25\,000\,€ \cdot 1{,}075^5 = 35\,890{,}73\,€$

21.
(1) $K_{10} = 5000\,€ \cdot 1{,}08^{10} = 10\,794{,}62\,€$
(2) $K_{10} = 8000\,€ \cdot 1{,}05^{10} = 13\,031{,}16\,€$

22. Stiftungskapital im Jahr 2008:
$K_8 = 1\,000\,000\,€ \cdot 1{,}0675^8 = 1\,686\,331{,}95\,€$
Dieses Kapital bringt jährlich 137 266,39 €, jede Stipendiatin erhält damit jährlich 22 765,48 €.

23. Das Anfangskapital K_0 beträgt 5259,82 €.
Hinweis: Löse die Gleichung $10\,000 = K_0 \cdot 1{,}055^{12}$ nach K_0 auf.

24. Nach 10 Jahren (16 Jahren) hat sich das Kapital bei 7,25% Zinseszinsen verdoppelt (verdreifacht).
Hinweis: Soll das Anfangskapital verdoppelt werden, so gilt:
$K_n = 2 \cdot K_o \quad \Rightarrow 2 \cdot K_o = K_0 \cdot 1{,}0725^n \quad \Rightarrow 2 = 1{,}0725^n$ — setze ein:
Probiere, bei welchem n der Wert von $1{,}0725^n$ mindestens 2 ist. — $n = 1, 2, 3, 4, \ldots$
Für die Verdreifachung des Kapitals gilt ($K_n = 3 \cdot K_o$).

25. a) Konrad addiert zunächst die beiden Brüche $\frac{1}{23} + \frac{1}{8} = 0{,}1685$ — *Seite 55*
Dann zerlegt er $\frac{d}{\lambda}$ in $\frac{1}{\lambda} \cdot d$
und setzt für λ den Zahlenwert 0,59 (Wärmeleitzahl für eine Ziegelsteinwand) ein: $\frac{1}{0{,}59} \cdot d = 1{,}6949 \cdot d$
so erhält er die Gleichung $\frac{1}{k} = 0{,}1685 + 1{,}6949 \cdot d$

b)

Wanddicke in m	0,125	0,25	0,50
$\frac{1}{k}$	0,3804	0,5922	1,0160
k	2,63	1,69	0,98

c) Die Zeilen 1 und 2 der Tabelle in b) zeigen es:
Je dicker die Ziegelwand wird, desto größer wird der Wert $\frac{1}{k}$. Es liegt ein linearer Wachstumsprozess vor (das zeigt übrigens schon die Gleichung). Es wird deutlich: Je kleiner die Wärmeleitzahl λ, desto größer wird $\frac{1}{l}$, desto größer wird wieder $\frac{1}{k}$.

d) Du erkennst in den Zeilen 2 und 3 der obigen Tabelle: Je größer $\frac{1}{k}$ wird, desto kleiner wird k. Genau das ist beabsichtigt, denn schließlich gilt: Je kleiner k, desto besser ist das Haus wärmegedämmt.

26. a) — *Seite 57*

t in Jahren	0	1600	3200	4800	6400	8000	9600
N(t)	N_0	$\frac{1}{2} \cdot N_0$	$\frac{1}{4} \cdot N_0$	$\frac{1}{8} \cdot N_0$	$\frac{1}{16} \cdot N_0$	$\frac{1}{32} \cdot N_0$	$\frac{1}{64} \cdot N_0$
in %	100	50	25	12,5	6,25	3,125	1,5625

z. B.
$N(3) = N_0 \cdot 0{,}5^3$
$= 0{,}125 \cdot N_0$

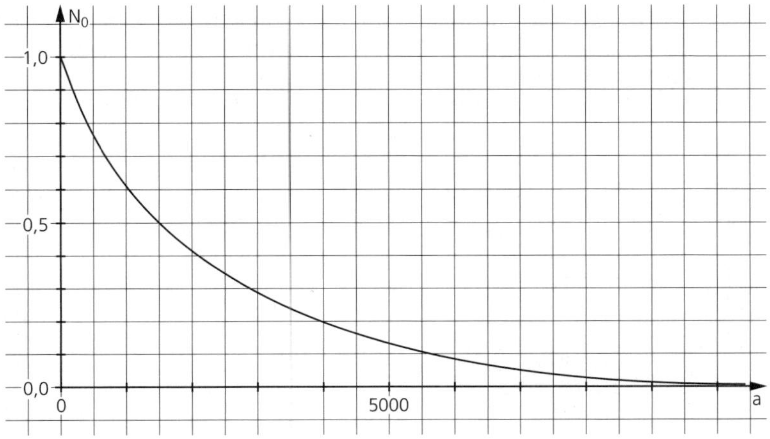

c) Dem Diagramm kannst du entnehmen:

$0{,}9 \cdot N_0$	$0{,}8 \cdot N_0$	$0{,}7 \cdot N_0$	$0{,}6 \cdot N_0$	$0{,}4 \cdot N_0$	$0{,}3 \cdot N_0$	$0{,}2 \cdot N_0$	$0{,}1 \cdot N_0$
250 a	500 a	800 a	1200 a	2100 a	2800 a	3700 a	5300 a

Bedenke:
$0{,}9 \cdot N^0 = 90\% \cdot N^0$
x % sind zerfallen, wenn (100 –x) % noch vorhanden sind.

d) Nach ... Jahren sind x % der ^{226}Ra-Isotope zerfallen:

25 % N_0	50% N_0	75% N_0	90% N_0
≈ 650 a	1600 a	3200 a	≈ 5300 a

27. a) Es gilt $\frac{1}{2} \cdot N_0 = N_0 \cdot q^{1600}$, weil nach 1600 Jahren die Hälfte der ^{226}Ra-Isotope vorhanden ist. Daraus folgt

$q^{1600} = \frac{1}{2} \Leftrightarrow q = \sqrt[1600]{\frac{1}{2}} = 0{,}99956688$

Also kannst du für ^{226}Ra die exponentielle Abnahme der Isotope berechnen mit $N(t) = N_0 \cdot 0{,}99956688^t$ (t in Jahren).

$0{,}64842 = 64{,}8\%$

b)

t	N(t)	in %
1000	$0{,}64842N_0$	64,8
2000	$0{,}42045N_0$	42,1
3000	$0{,}27263N_0$	27,3
4000	$0{,}17678N_0$	17,7
5000	$0{,}11463\,N_0$	11,5

Setze für t z. B. ein:
t = 9000, 9500, ...

c) Die Anzahl der ^{226}Ra-Isotope ist auf 1 % von N_0 geschrumpft, wenn die Gleichung $0{,}01\ N_0 = N_0 \cdot 0{,}99956688^t \Leftrightarrow 0{,}99956688^t = 0{,}01$ erfüllt ist. Durch systematisches Probieren und Einschachteln (vgl. dazu S. 54) findest du t + 10 630 Jahre.

Seite 59

Höhenlage von 50 m berücksichtigen, deshalb: h–50

28. a) In 180 m Höhe zeigt das Barometer 988 hPa an.
Du kannst die folgende Gleichung aufstellen:
$p(h) = p_0 \cdot 0{,}9986147^{\frac{h-50}{10}}$; (h in m)
also $p(180) = 1006 \cdot 0{,}9986147^{13} = 988{,}0$ hPa

b) Auf dem Brocken würden 865 hPa angezeigt.

29.

Berg	Höhe über NN in m	hPa
Zugspitze	2960	672,0
Nanga Parbat	8130	324,0
Mount Everest	8870	292,4

$p(h) = p_0 \cdot 0{,}9986147^{\frac{h}{10}}$; (h in m)

Alternative:
$p(h) = p0 \cdot 0{,}5^{\frac{h}{5000}}$
(h in m)

30. a) Nach 25 Arbeitsgängen sind 97,5% der Geräte fehlerfrei.
Sei B_{25} nach 25 Arbeitsgängen der fehlerfreie Bestand von B_0, dann kannst du den exponentiellen Abnahmevorgang so beschreiben:
$B_{25} = B_0 \cdot 0{,}999^{25} = 0{,}975\ B_0$

$100\% - 0{,}1\% = 99{,}9\% = 0{,}999$

b) Jetzt sind 98,5% fehlerfrei: $B_{25} = B_0 \cdot 0{,}9994^{25} = 0{,}985$

$100\% - 0{,}06\% = 99{,}94\% = 0{,}9994$

Seite 61

Arbeitstabelle zur Berechnung der Saisonindizies

31.

	1995	1996	1997	1998	1999	2000	Zeilen∅	S.-Index
Jan		0,335	0,452	0,405	0,333	0,299	0,365	0,359
Feb		0,419	0,428	0,422	0,350	0,303	0,384	0,378
März		0,263	0,194	0,252	0,178		0,222	0,216
Apr		0,061	0,027	0,080	0,035		0,051	0,045
Mai		– 0,117	– 0,097	– 0,111	– 0,109		– 0,109	– 0,115
Juni		– 0,180	– 0,162	– 0,204	– 0,161		– 0,177	– 0,183
Juli	– 0,044	– 0,089	– 0,053	– 0,116	– 0,059		– 0,079	– 0,085
Aug.	– 0,088	– 0,136	– 0,048	– 0,125	– 0,048		– 0,089	– 0,095
Sept.	– 0,183	– 0,221	– 0,124	– 0,227	– 0,115		– 0,172	– 0,178
Okt.	– 0,212	– 0,232	– 0,151	– 0,274	– 0,162		– 0,205	– 0,211
Nov.	– 0,189	– 0,191	– 0,120	– 0,200	– 0,128		– 0,160	– 0,166
Dez.	– 0,006	– 0,021	0,089	0,065	0,035		0,042	– 0,036
						Mittelw.	0,006	

32.

Jahr	y(t)	Glatte Werte 7gliedr.	Glatte Werte 11gliedr.	Glatte Werte 15gliedr.	15gliedr. gleit.D.
1966	8,9				
1967	9,6				
1968	8,7				
1969	8,3	8,7			
1970	8,2	8,7			
1971	9,1	8,7	8,9		
1972	8,4	8,9	9,0		
1973	8,9	9,0	8,9	8,8	8,83
1974	9,6	9,1	8,8	8,8	8,83
1975	9,7	9,0	8,8	8,8	8,83
1989	10,4	9,5	9,3	9,3	9,26
1990	10,4	9,5	9,4	9,3	9,25
1991	9,0	9,8	9,3	9,3	9,26
1992	10,2	9,8	9,4		9,28*)
1993	8,9	9,4	9,6		9,36*)
1994	10,1	9,3			9,41*)
1995	9,6	9,4			9,50*)
1996	7,6				9,47*)
1997	9,6				9,39*)
1998	9,9				9,31*)

Die Tabellen von 31. und 32. erstellst du am besten mit einem Tabellenkalkulationsprogramm

Letzte Glättung aufgenommen in Diagramm 2 und am aktuellen Rand ergänzt.

Diagramm 1 zeigt die Glättung mit 7gliedrigen gleitenden Durchschnitten. Diese liefert einen Streckenzug, der im Wesentlichen die mehrjährigen Temperaturzyklen heraus arbeitet. Die Glättung mit 11gliedrigen und erst recht mit 15gliedrigen Durchschnitten führt zu Trendkurven. Die Trendkurve zeigt, dass sich die Temperatur in Hannover-Langenhagen in den letzten drei Jahrzehnten um etwa 0,5° K (Temperaturdifferenzen in Kelvin angeben) erhöht hat.

*) Schätzung der Randwerte für den Zeitraum 1999–2005 (mit Hilfe angenommener y(t)-Werte von 9,26°C).

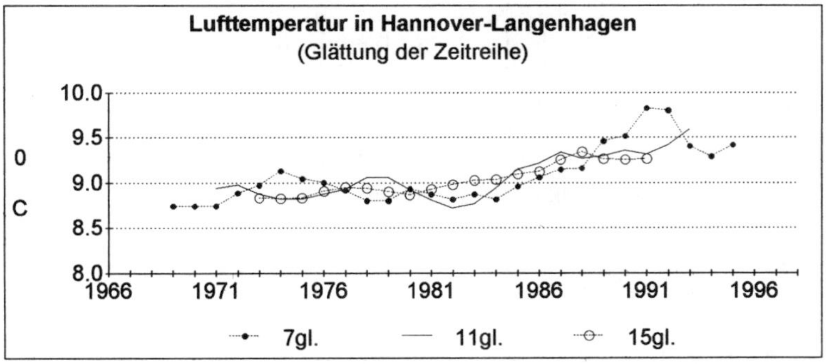

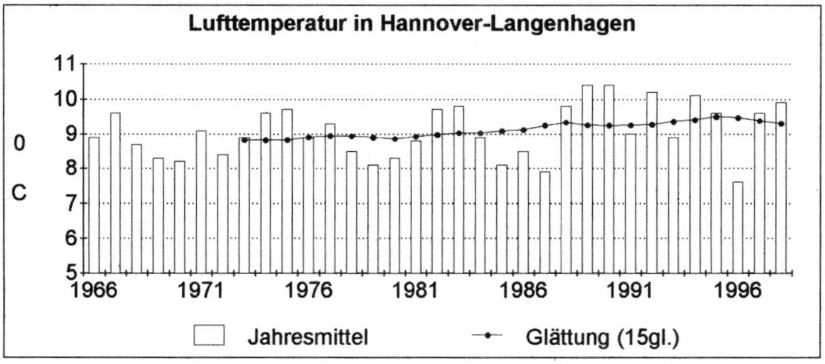

Lösungen zu Kapitel E

Seite 62

zu 1 Winkelfunktionen im rechtwinkligen Dreieck

T 1 a) $\sin \alpha = \frac{a}{c}$ b) $\sin \beta = \frac{b}{c}$ c) $\cos \alpha = \frac{b}{c}$
d) $\cos \beta = \frac{a}{c}$ e) $\tan \alpha = \frac{a}{b}$ f) $\tan \beta = \frac{b}{a}$

T 2 a) 0 b) 1 c) 0
d) 1 e) 1 f) 0

T 3 a) $\beta = 67{,}5°$ b = 5,1 cm; c = 5,5 cm
b) $\alpha = 28{,}7°$ b = 5,8 cm; c = 6,6 cm
c) $\alpha = 36{,}9°$ $\beta = 53{,}1°$ b = 4,0 cm
d) $\alpha = 36{,}9°$ $\beta = 53{,}1°$ c = 7,5 cm

Seite 63

1. a) $\overline{KM}$ ist Hypotenuse mit der Länge 1; $\overline{FK}$ ist Gegenkathete zu α. Diese Länge ist direkt ablesbar, weil die Hypotenuse den Wert 1 hat.
b) Zeichnung liefert die Tabelle:

α	10°	20°	30°	40°	50°	60°	70°	80°
sin	0,17	0,34	0,5	0,64	0,77	0,87	0,94	0,98

c) $\overline{FM}$ ist Ankathete zu α. Deshalb ist cos α wieder aus der Figur abzulesen:

α	10°	20°	30°	40°	50°	60°	70°	80°
cos	0,98	0,94	0,87	0,77	0,64	0,5	0,34	0,17

d) Die beiden Schenkel des Winkels α sollen die rechte Parallele zur Hochachse in den Punkten T (1 | 0) und P schneiden. PMT ist ein rechtwinkliges Dreieck. Die Ankathete zu α hat die Länge 1. Also ist der tan-Wert direkt auf der Parallelen abzulesen als $\overline{TP}$ (z. B. tan 30° = 0,58).

Seite 64

2. a) $\alpha = 37{,}6°$; a = 3,8 cm; b = 5,0 cm;
b) $\alpha = 34{,}6°$; $\beta = 55{,}4°$; b = 6,1 cm;
c) $\alpha = 53{,}8°$; $\beta = 36{,}2°$; a = 4,9 cm;
d) $\beta = 46{,}5°$; b = 4,7 cm; c = 6,5 cm;
e) $\alpha = 38{,}4°$; $\beta = 51{,}6°$; c = 7,4 cm;
f) $\alpha = 38{,}2°$; b = 5,7 cm; c = 7,3 cm;

Seite 65

3. a) Hypotenuse s, Ankathete x und Gegenkathete h
$\sin \alpha = \frac{6}{7{,}5} = 0{,}8 \Rightarrow \alpha = 53{,}1°$
b) $\cos 53{,}1° = \frac{x}{7{,}5} \Rightarrow x = 7{,}5 \cdot \cos 53{,}1° = 4{,}5$ cm
c) $4{,}5^2 + 6{,}0^2 = 7{,}5^2$: wahr

Seite 65

zu 2 Berechnungen in ebenen Figuren

T1 a) $h_c = 4{,}1$ cm; b = 5,8 cm; $\alpha = \beta = 45°$; $\gamma = 90°$; A = 16,81 cm²
b) $h_c = 6{,}9$ cm; a = b = 7,9 cm; c = 7,7 cm; $\alpha = \beta = 60{,}8°$
$\gamma = 58{,}4°$; A = 26,57 cm²

T 2 a) $h_a = h_b = h_c = 5{,}2$ cm
b) $\sin 60° = \frac{h_a}{6} \Rightarrow h_a = 5{,}196$ cm und $h_a^2 = 6^2 - 3^2 \Rightarrow h_a = 5{,}196$ cm
c) $A = \frac{s \cdot h_s}{6} = \frac{s}{2} \cdot h_s = \frac{s}{2} \cdot \frac{s}{2}\sqrt{3} = \frac{s^2}{4} \cdot \sqrt{3}$

T 3 a) a = b = c = d = 4 cm; e = 6,9 cm; f = 4 cm
$\alpha = \gamma = 60°$; $\beta = \delta = 120°$; A = 27,6 cm²
b) a = b = c = d = 6,1 cm; e = 10,2 cm; f = 6,6 cm
$\alpha = \gamma = 66{,}4°$; $\beta = \delta = 113{,}6°$; A = 67,32 cm²

4. e = f = 9,7 cm; $\epsilon = 120{,}5°$ (bzw. 59,5°)

5. a = 7,0 cm; b = 3,0 cm

6. a) b = d = 4,4 cm; $\alpha = \beta = 72{,}6°$; $\gamma = \delta = 107{,}4°$; c = 4,8 cm

Seite 64

$\sin 72{,}6° = \frac{h_a}{4{,}4} \Rightarrow h_a = 4{,}2$ cm

$\cos 72{,}6° = \frac{a_1}{4{,}4} \Rightarrow a_1 = 1{,}3$ cm; $c = a - 2 \cdot a_1 = 4{,}8$ cm

b) b = d = 5,2 cm; $\alpha = \beta = 62{,}2°$; $\gamma = \delta = 117{,}8°$; c = 3,4 cm

$\sin \beta = \frac{4{,}6}{5{,}2} = 0{,}8846 \Rightarrow \beta = 62{,}2°$; $\gamma = 180 - \beta = 117{,}8°$

$a_1^2 = 5{,}2^2 - 4{,}6^2 \Rightarrow a_1 = 2{,}4$ cm; $c = a - 2 \cdot a_1 = 3{,}4$ cm

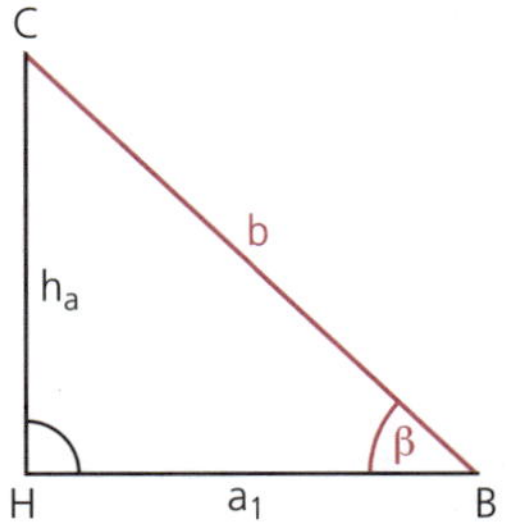

7. a) $\overline{AB} = s = 4{,}8$ cm $\quad \sin \frac{\alpha}{2} = \frac{\frac{s}{2}}{r} \Rightarrow \frac{s}{2} = 2{,}4$ cm

b) h = 2,9 cm $\quad \cos \frac{\alpha}{2} = \frac{h}{r} \Rightarrow h = 2{,}9$ cm

8. a) Kreis mit r = 3,6 cm; dann r sechsmal auf dem Kreisbogen abtragen.

b) A = 33,67 cm²

Das regelmäßige Sechseck besteht aus 6 gleichseitigen Dreiecken, also

$A_{Sechseck} = 6 \cdot \frac{a \cdot h_a}{2} = 3 \cdot a \cdot h_a$

$\cos 30° = \frac{h_a}{3{,}6} \Rightarrow h_a = 3{,}11769$ cm

9. a) $\alpha = \frac{360°}{100} = 3{,}6°$ b) r = 159,18113 cm ($\sin 1{,}8° = \frac{5}{r}$)

c) $u_{100\text{-}Eck} = 1000$ cm; $u_{Umkreis} = 1000{,}1645$ cm

10. a) $\overline{PM}$ halbieren; Kreisbogen um Mittelpunkt von $\overline{PM}$ mit $r = \frac{1}{2} \cdot \overline{PM}$. Im Schnittpunkt T beider Kreise entsteht ein rechter Winkel (Thaleskreis).

Seite 66

b) $\overline{PT} = 9{,}1$ cm

zu 3 Anwendungen

Seite 67

T 1 Der Baum ist 17,26 m hoch. **T 2** $\alpha = 81{,}4°$ **T3** $\alpha = 32°$

11. f = 7,07 cm; $\alpha = 35{,}26°$

12. (1) und (2) Halbdiagonale $\frac{d}{2}$; Seitenkante s; Winkel α zwischen Seitenkante s und Diagonale d (bzw. der Grundfläche)

(3) Höhe h_s der Seitenfläche; Winkel β zwischen Grundfläche und Seitenfläche.

Seite 68

13. $\alpha = 68{,}2°$; $\beta = 74{,}2°$; h = 10,96 cm

$\cos \alpha = \frac{\frac{d}{2}}{s} = \frac{\frac{a}{2}\sqrt{2}}{s} = 0{,}3715$

$\Rightarrow \alpha = 68{,}19°$

$\sin \alpha = \frac{h}{s} \Rightarrow h = 10{,}96$ cm

$\tan \beta = \frac{h}{\frac{a}{2}} = 3{,}5354$

$\Rightarrow \beta = 74{,}2°$

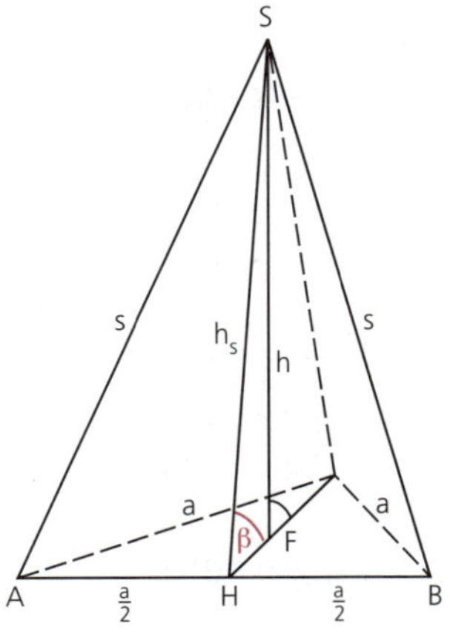

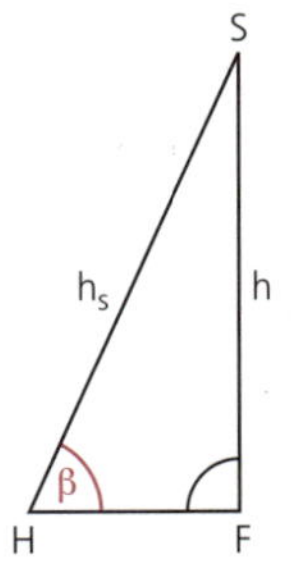

14. a) siehe Bild auf dem Rand

b) $\beta = 77{,}0°$

$h_a^2 = 4^2 - 2^2 \Rightarrow h = 3{,}4641$ cm

$\tan \beta = \frac{h}{\frac{1}{3}h_a} = 4{,}3301 \Rightarrow \beta = 77{,}0°$

15. a) $\alpha = 5{,}7°$; $\beta = 17{,}4°$; $\gamma = 33{,}7°$

$\tan \alpha = \frac{3}{30} = 0{,}1 \Rightarrow \alpha = 5{,}7°$

$\tan \beta = \frac{5}{16} = 0{,}3125 \Rightarrow \beta = 17{,}4°$

$\tan \gamma = \frac{8}{12} = \frac{2}{3} \Rightarrow \gamma = 33{,}7°$

b) Der Maßstab 1 : 500 ist gut geeignet, um die berechneten Winkel zeichnerisch kontrollieren zu können.

16. Der Gefällewinkel beträgt 4,6°.

Probefigur zu 16

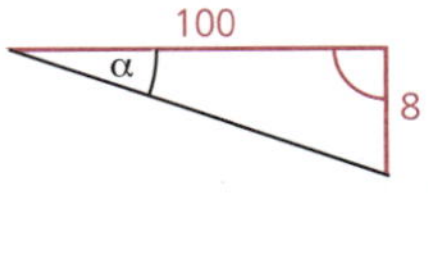

Seite 69

zu 4 Die allgemeine Sinusfunktion

17. b) (1) Wie der Graph in a) zeigt, gilt für $0° \leq \alpha \leq 360°$:
Die Sinuskurve ist punktsymmetrisch zum Punkt $P_1(180° | 0)$
Beispiel: sin 150° = – sin 210°
(2) Für $0° \leq \alpha \leq 180°$:
Die Sinuskurve ist achsensymmetrisch zur Achse s_1 (Parallele zur y-Achse durch den Punkt $P_2(90° | 0)$
Beispiel: sin 80° = sin 100°
(3) Für $180° \leq \alpha \leq 360°$:
Die Sinuskurve ist achsensymmetrisch zur Achse s_2 (Parallele zur y-Achse durch den Punkt $P_3(270° | 0)$
Beispiel: sin 210° = – sin 330°

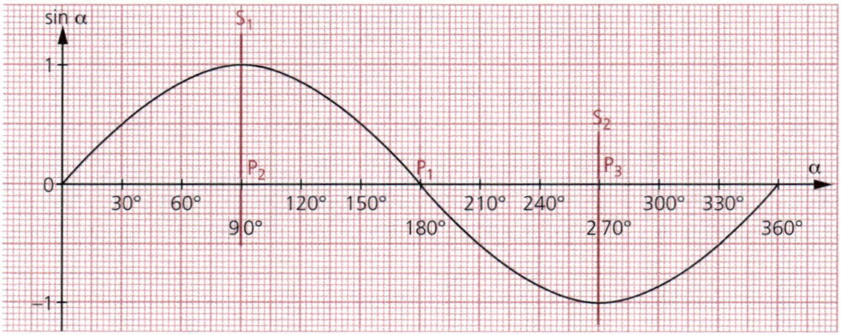

18. a) Aus der Achsensymmetrie der Sinuskurve (vgl. 17.b) (2)) folgt für $0° \leq \alpha \leq 180°$ allgemein: $\sin(180° - \alpha) = \sin \alpha$.
b) (1) Aus der Achsensymmetrie der Sinuskurve (vgl. 17.b) (3)) folgt für $0° \leq \alpha \leq 180°$ allgemein: $\sin(180° + \alpha) = \sin(360° - \alpha)$.
(2) Außerdem folgt aus der Punktsymmetrie (vgl. 17.b) (1)) für $0° \leq \alpha \leq 360°$ allgemein: $\sin \alpha = -\sin(360° - \alpha)$.
(3) Daraus folgen: $\sin(180° + \alpha) = \sin(360° - \alpha) = -\sin \alpha$.

Seite 70

zu 5 Die Berechnung des allgemeinen Dreiecks

19. b = 6,8 cm; c = 10,0 cm; γ = 86,1°:
$a^2 = 6{,}8^2 + 10{,}0^2 - 2 \cdot 6{,}8 \cdot 10{,}0 \cdot \cos 51{,}2°$
$\Rightarrow a^2 = 61{,}0219 \Rightarrow a = 7{,}8117 \approx 7{,}8$

20. a) a = 7,3 cm; b = 6,5 cm; β = 55,0°:
$b = \frac{6,7}{\sin 57,8°} \cdot \sin 55°$ $\quad a = \frac{6,7}{\sin 57,8°} \cdot \sin 67,2°$
Kontrolle: $6{,}7^2 \approx 7{,}3^2 + 6{,}5^2 - 2 \cdot 6{,}5 \cdot 7{,}3 \cdot \cos 57{,}8°$: wahr
b) a = 8,1 cm; c = 7,6 cm; α = 73,7°:
$a = \frac{5,7}{\sin 42,2°} \cdot \sin 73,7°$ $\quad c = \frac{5,7}{\sin 42,2°} \cdot \sin 64,1°$
Kontrolle: $7{,}6^2 \approx 8{,}1^2 + 5{,}7^2 - 2 \cdot 8{,}1 \cdot 5{,}7 \cdot \cos 64{,}1°$: wahr
c) c = 4,1 cm; β = 44,7°; γ = 66,9°:
$\sin \beta = \frac{3,1}{4,1} \cdot \sin 68,4°$ $\quad c = \frac{4,1}{\sin 68,4°} \cdot \sin 66,9°$
Kontrolle: $4{,}1^2 \approx 4{,}1^2 + 3{,}1^2 - 2 \cdot 4{,}1 \cdot 3{,}1 \cdot \cos 66{,}9°$: wahr
d) c = 6,1 cm; α = 32°; γ = 36,7°:
$\sin \alpha = \frac{5,4}{9,5} \cdot \sin 111,3°$; $c = \frac{5,4}{\sin 32°} \cdot \sin 36,7°$
Kontrolle: $6{,}1^2 \approx 5{,}4^2 + 9{,}5^2 - 2 \cdot 5{,}4 \cdot 9{,}5 \cdot \cos 36{,}7°$: wahr

21. b = d = 3,5 cm; f = 4,7 cm

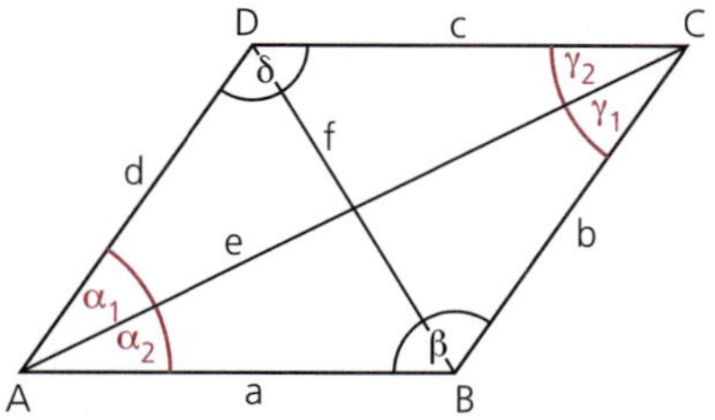

(1) a = c = 5,4 cm; $\beta = \delta = 121{,}2°$; $\alpha = \gamma = 58{,}8°$
(2) $\sin \gamma_1 = \frac{a}{e} \cdot \sin \beta$
$\Rightarrow \gamma_1 = 36{,}3° = \alpha_1$
(3) $\alpha_2 = 180 - \beta - \gamma_1$
$\Rightarrow \alpha_2 = 22{,}5° = \gamma_2$
(4) $b = \frac{e}{\sin b} \cdot \sin \alpha_2$
$= \frac{7{,}8}{\sin 121{,}2°} \cdot \sin 22{,}5° = 3{,}5$ cm

(5) $f^2 = a^2 + d^2 - 2 \cdot a \cdot d \cdot \cos \alpha$
$= 5{,}4^2 + 3{,}5^2 - 2 \cdot 5{,}4 \cdot 3{,}5 \cdot \cos 58{,}8°$
$\Rightarrow f = 4{,}7$ cm

22. $A = \frac{a \cdot c \cdot \sin \beta}{2}$ und $A = \frac{a \cdot b \cdot \sin \gamma}{2}$

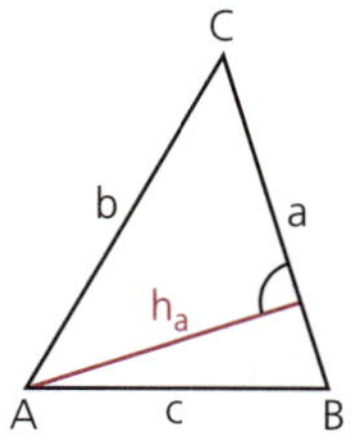

Seite 71

23. a) b = 5,6 cm; $\alpha = 50{,}1°$; $\gamma = 60{,}8°$; A = 12,0 cm^2
b) $\alpha = 42{,}1°$; $\beta = 55{,}0°$; $\gamma = 82{,}9°$; A = 17,7 cm^2
(1) $a^2 = b^2 + c^2 - 2 \cdot b \cdot c \cdot \cos \alpha$
Auflösen der Gleichung nach cos α liefert
$\cos \alpha = \frac{a^2 - b^2 - c^2}{-2 \cdot b \cdot c} = \frac{b^2 + c^2 - a^2}{-2 \cdot b \cdot c} \Rightarrow \alpha = 42{,}1°$
(2) $\sin \beta = \frac{\sin a}{a} \cdot b; \Rightarrow \beta = 55{,}0°$
oder: $b^2 = a^2 + c^2 - 2 \cdot a \cdot c \cdot \cos \beta \Rightarrow \beta = 55{,}0°$
(3) $\gamma = 180° - \alpha - \beta = 82{,}9°$
(4) $A = \frac{c \cdot h_c}{2} = \frac{c \cdot b \cdot \sin a}{2} = 17{,}7\ cm^2$

zu 6 Aufgaben zur Leistungsüberprüfung

24. $\alpha = 71{,}7°$; $\overline{AT} = 6{,}79$ m
(1) $\cos \alpha = \frac{2{,}25}{7{,}15} \Rightarrow \alpha = 71{,}66°$; (2) $\sin 71{,}66° = \frac{h}{7{,}15} \Rightarrow h = 6{,}79$ m;
(3) Kontrolle: $6{,}79^2 + 2{,}25^2 \approx 7{,}15^2$: wahr

25. Die Antennenanlage hat eine Länge von 7,06 m. *Seite 73*
(1) $\tan 32{,}4° = \frac{\overline{AT}}{54,36} \Rightarrow \overline{AT} = 34{,}50$ m (2) $\tan 37{,}4° = \frac{\overline{AS}}{54,36} \Rightarrow \overline{AS} = 41{,}56$ m;
(3) $\overline{ST} = \overline{AS} - \overline{AT}$

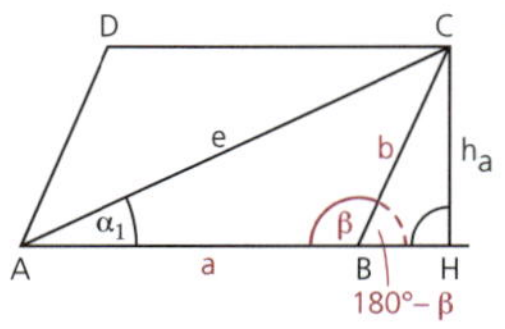

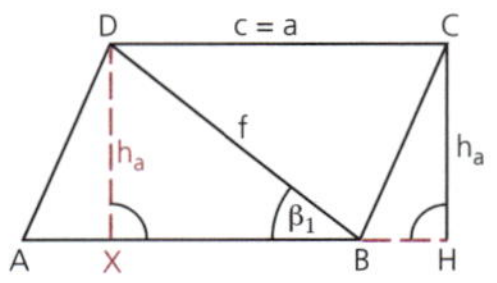

26. e = 6,5 cm; f = 3,7 cm; A = 11,34 cm^2
(1) $\sin(180° - \beta) = \frac{h_a}{b}$
$\Rightarrow h_a = b \cdot \sin(180° - \beta) = 2{,}69885$ cm
(2) $\cos(180° - \beta) = \frac{\overline{BH}}{b} \Rightarrow \overline{BH} = 1{,}71936$ cm
(3) $\tan \alpha_1 = \frac{h_a}{a + \overline{BH}} \Rightarrow \alpha_1 = 24{,}50996°$
(4) $\sin \alpha_1 = \frac{h_a}{e} \Rightarrow e = 6{,}5$ cm
(5) $\overline{XB} = a - \overline{BH} = 2{,}48064$ cm
(6) $\tan \beta_1 = \frac{h_a}{\overline{XB}} \Rightarrow \beta_1 = 47{,}41242°$
(7) $\cos \beta_1 = \frac{\overline{XB}}{f} \Rightarrow f = 3{,}7$ cm
(8) $A = a \cdot h_a = 11{,}34\ cm^2$

Falls du den Kosinussatz im Unterricht kennengelernt hast: **Lösungsalternative**
(1) $e^2 = a^2 + b^2 - 2 \cdot a \cdot b \cdot \cos \beta \Rightarrow e = 6{,}50558$ cm
(2) $\sin \alpha_1 = \frac{3{,}2}{6{,}5} \cdot \sin 122{,}5° \Rightarrow \alpha_1 = 24{,}50996°$
(3) $(\frac{f}{2})^2 = 3{,}25^2 + 4{,}2^2 - 2 \cdot 3{,}25 \cdot 4{,}2 \cdot \cos 24{,}5° \Rightarrow f = 3{,}7$ cm
(4) $\sin 57{,}5° = \frac{h_c}{3{,}2} \Rightarrow h_c = 2{,}7$ cm und (5) $A = a \cdot h_a = 11{,}34\ cm^2$

27. Der Gipfel des Hausberges liegt in einer Höhe von 749 m.

(1) Aufstellen und Lösen eines Gleichungssystems mit 2 Variablen

I. $\tan 38{,}92° = \frac{h}{x+250} \Leftrightarrow (x + 250) \cdot \tan 38{,}92° = h$

II. $\tan 50{,}67° = \frac{h}{x} \Leftrightarrow x \cdot \tan 50{,}67° = h$

$\Leftrightarrow (x + 250) \cdot \tan 38{,}92° = x \cdot \tan 50{,}67°$

$\Leftrightarrow (\tan 38{,}92° - \tan 50{,}67°) \cdot x = -250 \cdot \tan 38{,}92°$

$\Leftrightarrow x = \frac{-250 \cdot \tan 38,92°}{\tan 38{,}92° - \tan 50{,}67°}$

$\Leftrightarrow x = 488{,}81$ m

(2) $\tan 50{,}67° = \frac{\overline{HS}}{488{,}81} \Rightarrow \overline{HS} = 596{,}57$ m

(3) Gesamthöhe = 596,57 m + 152,50 m = 749,07 m

Lösungsalternative mit dem Sinussatz, falls du diesen im Unterricht kennengelernt hast:

(1) Fehlende Winkel bestimmen in der Planfigur.

(2) $\overline{BS} = \frac{250}{\sin 11{,}75°} \cdot \sin 38{,}92° = 771{,}25$ m

(3) $\sin 50{,}67° = \frac{\overline{HS}}{771{,}25} \Rightarrow \overline{HS} = 596{,}57$ m

(4) Gesamthöhe wie schon beschrieben berechnen.

Lösungen zu Kapitel F

zu 1 Pyramiden

Seite 74

T 1 Schrägbilder von Körpern werden häufig in Vogelperspektive oder Kavalierperspektive gezeichnet.

T 2

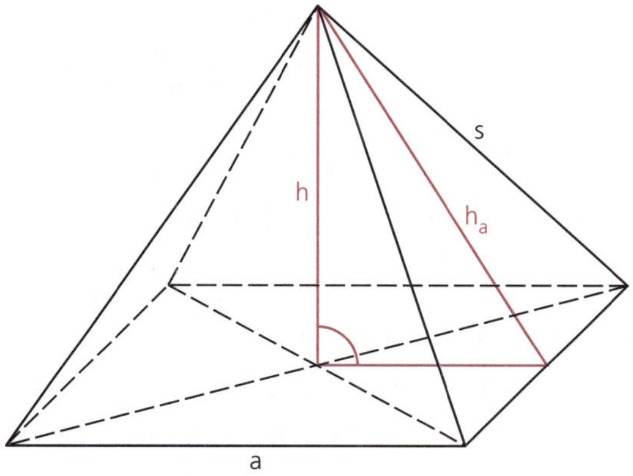

$h_a = 4{,}72$ cm

Kavalierperspektive:
$\alpha = 45°$ und $q = 0{,}5$

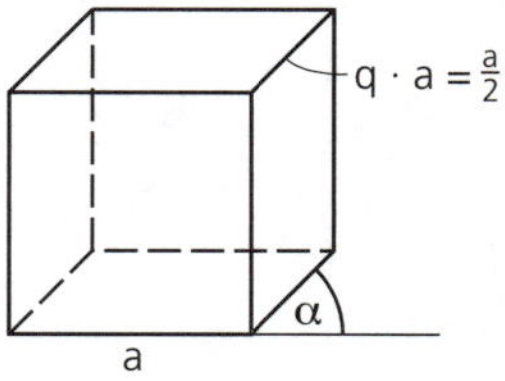

Sehr wichtig bei Körperberechnungen:
Satz des Pythagoras

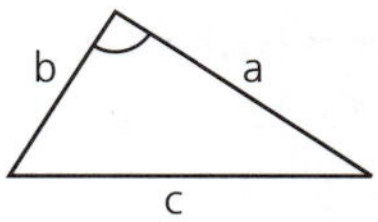

$a^2 + b^2 = c^2$

T 3

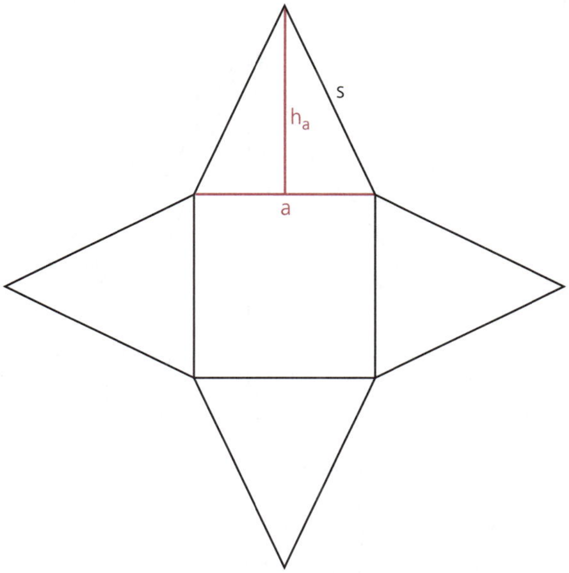

Maßstab 1 : 2 heißt:
Das Original wird um den Faktor 2 verkleinert oder:
1 cm in der Zeichnung entsprechen 2 cm im Original

$M = 47{,}17$ cm²

Mantelfläche = Summe aller Seitenflächen

T 4 $V = 33{,}3$ cm³, $m = 283{,}3$ g

Masse = Volumen · Dichte
$m = V \cdot \rho$

Seite 75

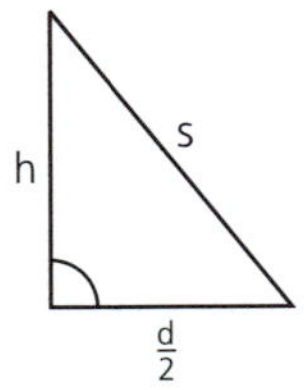

1. $s = 4{,}5\,\text{cm}$
Hinweis: Berechne zunächst d z. B. mit
$d^2 = a^2 + a^2$
$d = 5{,}66\,\text{cm}$

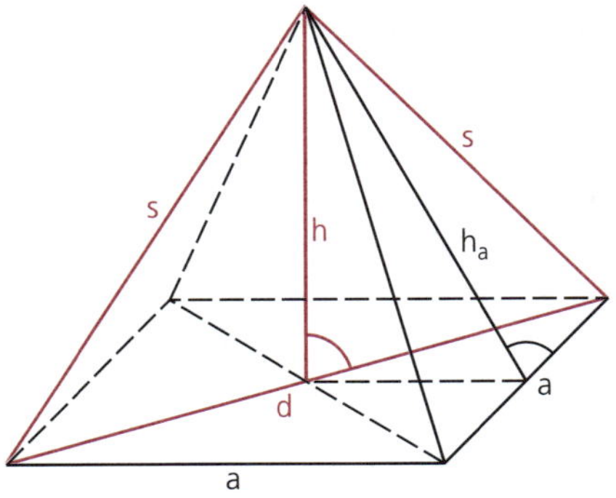

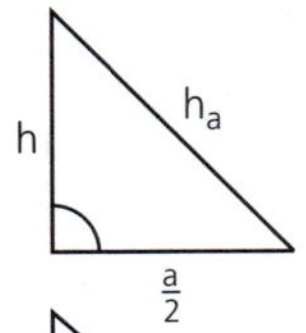

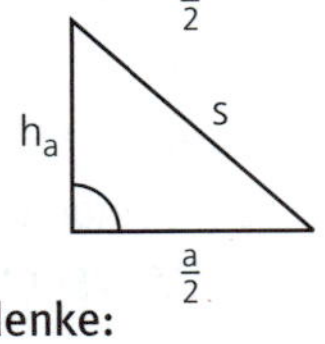

2. a) $M = 2 \cdot a \cdot h_a = 2 \cdot 6 \cdot 10{,}44 = 125{,}28\,\text{cm}^2$ $\quad (h_a{}^2 = h^2 + (\frac{a}{2})^2)$
$V = \frac{1}{3} \cdot a^2 \cdot h = \frac{1}{3} \cdot 6^2 \cdot 10 = 120\,\text{cm}^3$

b) $M = 2 \cdot a \cdot h_a = 2 \cdot 5 \cdot 8{,}65 = 86{,}5\,\text{cm}^2$ $\quad (s^2 = h_a{}^2 + (\frac{a}{2})^2)$
$V = \frac{1}{3} \cdot a^2 \cdot h = \frac{1}{3} \cdot 5^2 \cdot 8{,}28 = 69\,\text{cm}^3$ $\quad (h_a{}^2 = h^2 + (\frac{a}{2})^2)$

Bedenke:
xyz = (xy)z = (xz)y = x(yz) = . . .

3. a) $V = \frac{1}{3} \cdot a \cdot b \cdot h$
$a = \frac{3 \cdot V}{b \cdot h}$
$b = \frac{3 \cdot V}{a \cdot h}$
$h = \frac{3 \cdot V}{a \cdot b}$

b) $V = \frac{1}{3} \cdot 2a \cdot 2b \cdot h$
$V = \frac{1}{3} \cdot a \cdot b \cdot h \cdot 4$
$V = 4 \cdot (\frac{1}{3} \cdot a \cdot b \cdot h)$
Vervierfachung

c) $V = \frac{1}{3} \cdot a \cdot b \cdot 2h$
$V = \frac{1}{3} \cdot a \cdot b \cdot h \cdot 2$
$V = 2 \cdot (\frac{1}{3} \cdot a \cdot b \cdot h)$
Verdopplung

4. a)

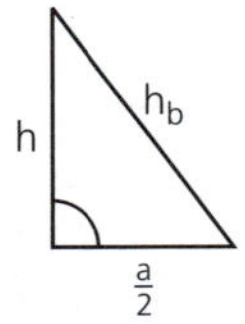

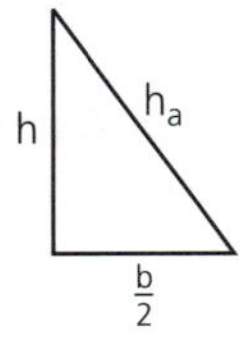

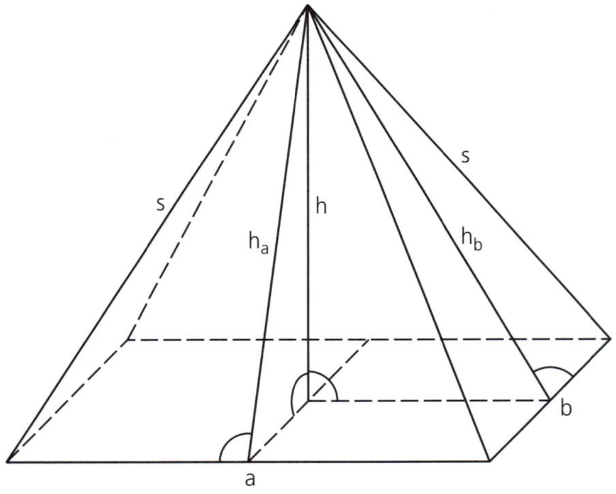

b) $O = 79{,}66\,\text{cm}^2$ $\quad (h_a = 5{,}39\,\text{cm};\ h_b = 5{,}83\,\text{cm})$

$\cos 30^\circ = \frac{5}{h_a}$

5. $O = 221{,}6\,\text{cm}^2$ $\quad (h = 9\,\text{cm};\ h_a = 9{,}85\,\text{cm})$

$\cos 30^\circ = \frac{7{,}07}{s}$

6. P_1: $M = 115{,}4\,\text{cm}^2$ $\quad (h_a = 5{,}77\,\text{cm})$
P_2: $M = 129{,}0\,\text{cm}^2$ $\quad (s = 8{,}16\,\text{cm};\ d = 14{,}14\,\text{cm};\ h_a = 6{,}45\,\text{cm})$

7. a)

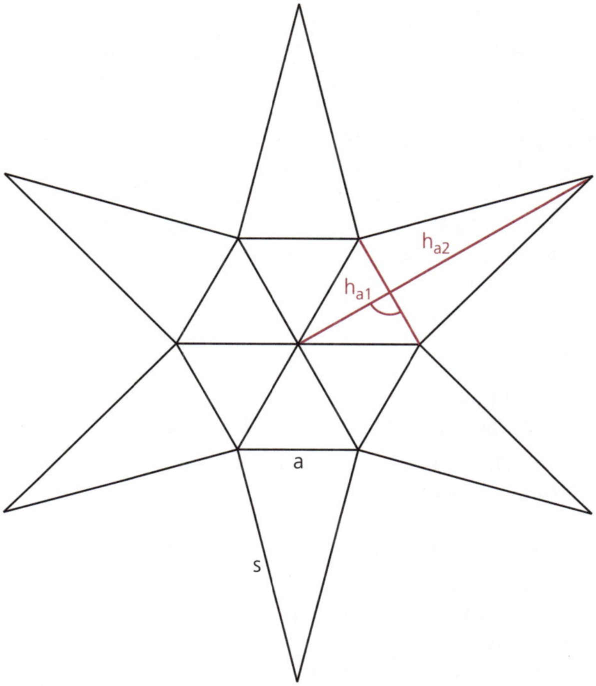

Maßstab 1 : 2

Grundfläche:

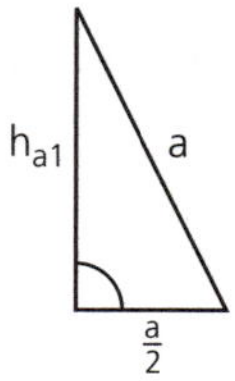

Seitenfläche:

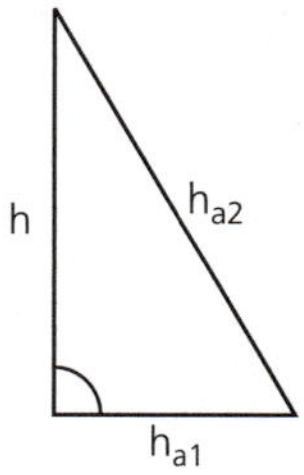

b) $V = \frac{1}{3} \cdot G \cdot h$

$= \frac{1}{3} \cdot 6 \cdot \frac{a \cdot h_{a1}}{2} \cdot h$

$= a \cdot h_{a1} \cdot h$

$= 46{,}8\,cm^3$ $(h_{a1} = 2{,}6\,cm)$

c) $M = 6 \cdot \frac{a \cdot h_{a2}}{2} = 3 \cdot a \cdot h_{a2} = 58{,}86\,cm^2$ $(h_{a2} = 6{,}54\,cm)$

zu 2 Kegel

T 1

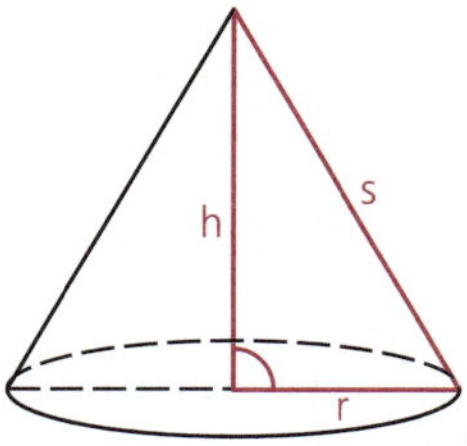

T 2 a) $s = 6{,}32\,cm$
b) $M = 39{,}71\,cm^2$
c) $V = 25{,}13\,cm^3$

Seite 76

$V = \frac{1}{3} \cdot G \cdot h$

$= \frac{1}{3}\pi \cdot r^2 \cdot h$

$M = \pi \cdot r \cdot s$

T 3 a) $r = 7{,}82\,cm$ $(V = \frac{1}{3}\pi \cdot r^2 \cdot 2r = \frac{1}{3}\pi \cdot r^3 \Rightarrow r = \sqrt[3]{\frac{3 \cdot V}{2 \cdot \pi}})$
b) $s = 17{,}49\,cm$ $(s^2 = r^2 + (2r)^2 = 5r^2)$

Du erinnerst dich:
$1\,l = 1\,dm^3 = 1000\,cm^3$

T 4

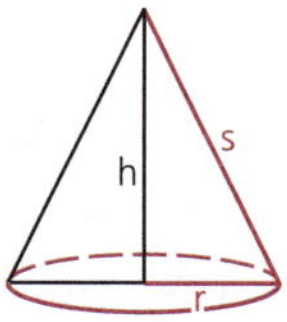

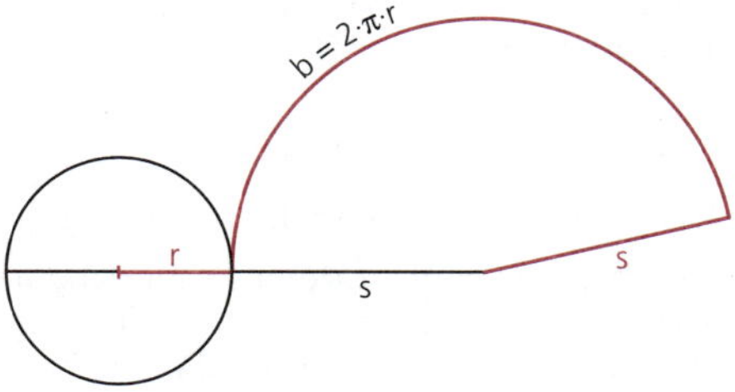

$O = G + M$

$O = \pi \cdot r^2 + \pi \cdot r \cdot s$

Seite 76

$G = \pi \cdot r^2$

$\Rightarrow r = \sqrt{\frac{G}{\pi}}$

8. $G_{Kegel} = \pi \cdot r^2$ $\Rightarrow V = \frac{1}{3} \cdot G \cdot h = \frac{1}{3} \pi \cdot r^2 \cdot h$

9. a) $M = 94{,}25\,cm^2$ b) $M = 122{,}68\,cm^2$ ($s = 7{,}81$ cm)

10. a) $V = 40\,cm^3$ $r = 2{,}52$ cm $s = 6{,}51$ cm
$M = 51{,}54\,cm^2$ $O = 71{,}54\,cm^2$
b) $r = 6{,}82$ cm $G = 146{,}12\,cm^2$ $O = 296{,}12\,cm^2$
$h = 1{,}58$ cm $V = 76{,}96\,cm^3$

11. $b = \frac{1}{4} \cdot 2 \cdot 5 \cdot \pi = 7{,}85$ cm (gleichzeitig der Umfang von G)
$\Rightarrow 2 \cdot r \cdot \pi = 7{,}85$ $\Rightarrow r = 1{,}25$ cm
$\Rightarrow h = 4{,}84$ cm ($h^2 = s^2 - r^2$)
$\Rightarrow V = 7{,}92\,cm^3$

zu 3 Kugeln

Seite 77

T 1 a) $O = 314{,}16\,cm^2$ $V = 523{,}60\,cm^3$
b) $O = 5{,}099 \cdot 10^8\,km^2$ $V = 1{,}0827 \cdot 10^{12}\,km^3$

T 2 a) $O_1 = 314{,}16\,cm^2$ $O_2 = 1265{,}64\,cm^2$
also $\frac{O_1}{O_2} = \frac{1}{4}$ oder $4 \cdot O_1 = O_2$
Begründung:
$O_2 = 4 \cdot \pi \cdot (2r)^2 = 4 \cdot \pi \cdot 4 \cdot r^2 = 4 \cdot (4 \cdot \pi \cdot r^2) = 4 \cdot O_1$
b) $V_1 = 523{,}60\,cm^3$ $V_2 = 4188{,}79\,cm^3$
also $\frac{V_1}{V_2} = \frac{1}{8}$ oder $8 \cdot V_1 = V_2$
Begründung:
$V_2 = \frac{4}{3} \pi \cdot (2r)^3 = \frac{4}{3} \pi \cdot 8 \cdot r^3 = 8 \cdot (\frac{4}{3} \pi \cdot r^3) = 8 \cdot V_1$

T 3 $V = 14\,202{,}62\,cm^3 = 0{,}014\,m^3$ ($r_a = 22{,}5$ cm; $r_i = 20$ cm)

Es gilt: $2{,}75 \frac{g}{cm^2}$
$= 2{,}75 \frac{kg}{dm^3}$
$= 2{,}75 \frac{t}{m^3}$

12. a) $O = 3{,}14\,m^2$ b) Die Kugel wiegt ca. 1,441 t
($V = 0{,}524\,m^3$)

13. $O = 304{,}19\,cm^2$
Berechne zunächst r mithilfe der Volumenformel ($r = 4{,}92$ cm).

$V = \frac{4}{3} \cdot \pi \cdot r^3$
auflösen nach r:
$\frac{3}{4} \cdot V = \pi \cdot r^3$
$\frac{3 \cdot V}{4 \cdot \pi} = r^3$
$r = \sqrt[3]{\frac{3 \cdot V}{4 \cdot \pi}}$
oder: $V_{Hülle} = \frac{4}{3} \cdot \pi \cdot (r_a^3 - r_i^3)$

14. $V = 3434{,}92\,cm^3 = 3{,}435\,dm^3$
Berechne zunächst r mithilfe der Oberflächenformel ($r = 9{,}36$ cm)

15. a) Der Gasbehälter hat ein Fassungsvermögen von $4188{,}79\,m^3$.
$V_{innen} = \frac{4}{3} \cdot \pi \cdot r_i^3 = 4188{,}79\,m^3$
b) Die zu streichende Außenfläche ist $1269{,}23\,m^2$ groß.
$O_{außen} = 4 \cdot \pi \cdot r_a^2 = 1269{,}23\,m^2$
c) Die Hülle hat ein Volumen von $63{,}15\,m^3$.
$V_{Hülle} = V_{außen} - V_{innen} = \frac{4}{3} \cdot \pi \cdot r_a^3 - \frac{4}{3} \cdot \pi \cdot r_i^3 = 63{,}15\,m^3$

16. $V = \frac{4}{3} \cdot \pi \cdot r^3 = \frac{4}{3} \cdot \pi \cdot (\frac{d}{2})^3 = \frac{4}{3} \cdot \pi \cdot \frac{d^3}{8} = \frac{1}{6} \cdot \pi \cdot d^3$
$O = 4 \cdot \pi \cdot r^2 = 4 \cdot \pi \cdot (\frac{d}{2})^2 = 4 \cdot \pi \cdot \frac{d^2}{4} = \pi \cdot d^2$

17. Es werden 1000 kleine Bleikugeln benötigt.
$V_{groß} = 523{,}599\,mm^3$; $V_{klein} = 0{,}523599\,mm^3$
$\Rightarrow V_{groß} = 1000 \cdot V_{klein}$

oder auch:
$\frac{V_g}{V_k} = \frac{\frac{4}{3} \cdot p \cdot 5^3}{\frac{4}{3} \cdot p \cdot 0{,}5^3} = \frac{5^3}{0{,}5^3}$
$= (\frac{5}{0{,}5})^3 = 10^3 = 1000$

18. Das Volumen des Fußballs ist 1331 mal (11^3-mal) so groß wie das Volumen des Tischtennisballs.
$V_T = \frac{4}{3} \cdot \pi \cdot r^3$
$V_F = \frac{4}{3} \cdot \pi \cdot (11r)^3 = \frac{4}{3} \cdot \pi \cdot 11^3 \cdot r^3$
$= 11^3 \cdot \frac{4}{3} \cdot \pi \cdot r^3 = 11^3 \cdot V_T = 1331 \cdot V_T$

Seite 78

19. Keine von beiden hat recht, denn die Messingpyramide ist die schwerste.
$m_{MP} = V_{MP} \cdot \rho$ (Messing) $= \frac{1}{3} \cdot 3^2 \cdot 3 \cdot 8{,}5 = 76{,}5$ g
($m_{EP} = 29{,}17$ g; $m_{GP} = 57{,}6$ g; $m_{SP} = 54{,}69$ g)

20. a) Durch die Rotation um s entstehen ein Zylinder, eine Kugel und ein Kegel.

b) $V_{Zylinder} = G \cdot h = \pi \cdot r^2 \cdot h = \pi \cdot r^2 \cdot 2r = 2 \cdot \pi \cdot r^3 = \frac{6}{3} \cdot \pi \cdot r^3$

$V_{Kugel} = \frac{4}{3} \cdot \pi \cdot r^3$

$V_{Kegel} = \frac{1}{3} \cdot G \cdot h = \frac{1}{3} r^2 \cdot \pi \cdot h = \frac{1}{3} r^2 \cdot \pi \cdot 2r = \frac{2}{3} \cdot \pi \cdot r^3$

c) Aus b) folgt nun für den Vergleich:

$V_{Kegel} : V_{Kugel} : V_{Zylinder} = \frac{2}{3}\pi r^3 : \frac{4}{3}\pi r^3 : \frac{6}{3}\pi r^3$

$= \frac{2}{3} : \frac{4}{3} : \frac{6}{3} = 1 : 2 : 3$

21. a)

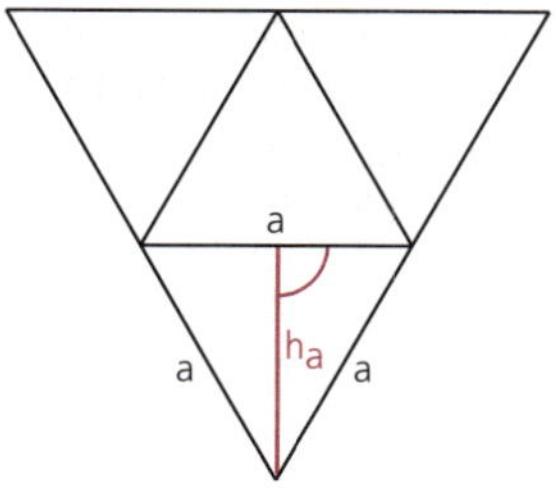

b) $O = 173{,}2\,cm^2$

$h_a = 8{,}66\,cm$

$O = 4 \cdot \frac{a \cdot h_a}{2} = 2 \cdot a \cdot h_a$

(oder: $O = a^2\sqrt{3}$)

22. Es gilt:

$\frac{1}{3} \cdot r^2 \cdot \pi \cdot h = \frac{1}{3} \cdot a^2 \cdot h$ (da $V_{Kegel} = V_{Pyramide}$)

$\Leftrightarrow r^2 \cdot \pi = a^2$ (da die Höhen gleich sind)

$\Leftrightarrow r^2 = \frac{a^2}{\pi}$

$\Leftrightarrow r = \sqrt{\frac{a^2}{\pi}} = \frac{a}{\sqrt{\pi}} = a\sqrt{\frac{1}{\pi}}$

23. a) Die Oberfläche besteht aus zwei Mantelflächen einer quadratischen Pyramide. Also gilt: $O = 2 \cdot M = 2 \cdot 2 \cdot a \cdot h_a = 4 \cdot a \cdot h_a$

Diese Formel kannst du aber auch anders notieren, denn h_a ersetzen liefert:

$O = 4 \cdot a \cdot \frac{a}{2}\sqrt{3} = 2 \cdot a^2\sqrt{3}$

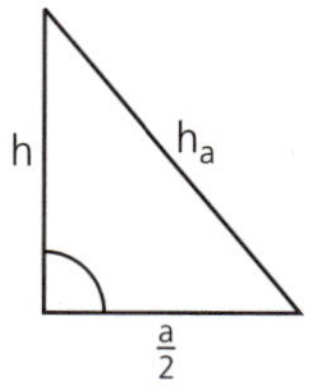

b) Analog zu a) kannst du das Volumen berechnen:

$V = 2 \cdot V_{Pyramide} = 2 \cdot \frac{1}{3} \cdot a^2 \cdot h = \frac{2}{3} \cdot a^2 \cdot h$

Auch hier kannst du die Formel anders notieren, denn h ersetzen liefert: $V = 2 \cdot \frac{1}{3} \cdot a^2 \cdot h$

$= 2 \cdot \frac{1}{3} \cdot a^2 \cdot \frac{a}{2}\sqrt{2} = \frac{1}{3} \cdot a^3 \cdot \sqrt{2}$

Wenn die Seitenkante 5 cm lang ist: $V = 58{,}93\,cm^3$

24. a) $V_{Kugel} = \frac{4}{3} \cdot \pi \cdot 7{,}5^3 = 1767{,}15\,cm^3$

b) $V_{Würfel} = 15^3 = 3375\,cm^3$

Also werden 47,6% des Würfels zu Holzspänen.

zu 4 Aufgaben zur Leistungsüberprüfung

Seite 80

25. a) Zerlege den Pfosten P in
(1) eine Halbkugel (r = 25 mm),
(2) einen Zylinder (r = 25 mm; h = 750 mm) und
(3) einen Kegel (r = 25 mm; s = 125 mm; sowie nach Berechnung mit r und s: h = 122,5 mm)
Nun lässt sich das Gesamtvolumen berechnen:

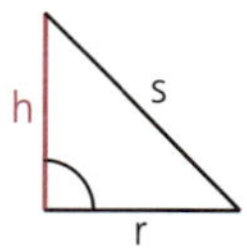

$V_{Pfosten} = V_{Halbkugel} + V_{Zylinder} + V_{Kegel}$

$\Rightarrow V_P = \frac{1}{2} \cdot \frac{4}{3} \cdot \pi \cdot 2{,}5^3 + \pi \cdot 2{,}5^2 \cdot 750 + \frac{1}{3} \cdot \pi \cdot 2{,}5^2 \cdot 122{,}5$

$= 1\,585{,}5\,cm^3$

$\Rightarrow m_P = 13\,318{,}2\,g$

Also wiegt ein Messingpfosten etwa 13,318 kg. Damit wird etwa 1 t Messing (998,85 kg) zum Gießen aller 75 Pfosten benötigt.

b) Auch die Oberfläche eines Pfosten kann zerlegt werden in
(1) die Oberfläche der Halbkugel,
(2) den Mantel des Zylinders und
(3) den Mantel des Kegels.

$O_{Pfosten} = O_{Halbkugel} + M_{Zylinder} + M_{Kegel}$

$\Rightarrow O_P = \frac{1}{2} \cdot 4 \cdot \pi \cdot 2{,}5^2 + 2 \cdot \pi \cdot 2{,}5 \cdot 75 + \pi \cdot 2{,}5 \cdot 12{,}5$

$= 1\,315{,}54\ cm^2$

$1\ m^2 = 100\ dm^2$
$100\ dm^2 = 10\,000\ cm^2$

Um die 75 Pfosten mit Klarlack überziehen zu können, muss also für eine Fläche von ca. $10\ m^2$ ($9{,}87 m^2$) Farbe kalkuliert werden.

26. a) Zerlege den (Dach-)Körper in eine quadratische Pyramide und ein dreiseitiges Prisma, sodass du notieren kannst:

$V_{Dach} = V_{Pyramide} + V_{Prisma}$

$V_{Dach} = \frac{1}{3} \cdot (2a)^2 \cdot h + 2\,a \cdot h \cdot \frac{1}{2} \cdot a$

$V_{Dach} = \frac{1}{3} \cdot (2a)^2 \cdot h + a^2 \cdot h$

$V_{Dach} = 315\ m^3$

Berechnung Dachhöhe h:
$\tan 32° = \frac{h}{6}$
$h = 3{,}75\ m$

b) Die Gesamtfläche A des Daches besteht aus zwei symmetrischen Trapezen und zwei gleichseitigen Dreiecken (Zeichne dir zur Anschauung das Netz des Daches), also gilt:

$A_{Dach} = 2 \cdot A_{Trapez} + 2 \cdot A_{Dreieck}$

$A_{Dach} = 2 \cdot (\frac{3a+a}{2}) \cdot h_a + 2 \cdot \frac{2a \cdot h_a}{2}$

$A_{Dach} = 254{,}88\ m^2$

Berechnung h_a:
$h_a^2 = a^2 + h^2$
$h_a = 7{,}08\ cm$

oder:
$\cos 32° = \frac{6}{h_a}$

Es werden Dachziegel für eine Dachfläche von $254{,}88\ m^2$ benötigt.

Seite 83

27. a) Es mussten $4{,}0558 \cdot 10^5\ m^3$ Gestein aus dem Untergrund geschnitten werden. Der gebohrte Tunnel hat die Form eines Zylinders, also gilt:

$V = \pi \cdot 7{,}1^2 \cdot 2561$
$= 405\,579{,}640\ m^3$
$= 4{,}0558 \cdot 10^5\ m^3$

b) Durch die Gesteinsauflockerung vergrößert sich das Volumen um 15%, also:

$V = 4{,}0558 \cdot 10^5 \cdot 1{,}15 = 4{,}664 \cdot 10^5 \approx 4{,}7 \cdot 10^5 \approx 470\,000\ m^3$

Damit wird das Hafenbecken bis zu einer Höhe von ca. 8,5 m gefüllt sein (470 000 : (280 · 200) = 8,39).

c) Für die Auskleidung der Tunnelwand wurden etwa $2{,}2 \cdot 10^5$ t Beton benötigt.

$m = V \cdot \rho = \pi \cdot (7{,}1^2 - 6{,}3^2) \cdot 2561 \cdot 2{,}55 = 219\,935\ t$

28. a)

	a)	b)
Partei	Stimmen	Kegelhöhe h (r = 2,5 cm)
SPD	3 128 330	6,420 cm
CDU	2 704 397	5,550 cm
F.D.P.	716 300	1,470 cm
GRÜNE	518 952	1,065 cm
Sonstige	241 203	0,495 cm
Gesamt	7 309 182	15,000 cm

(a) Stimmenzahl S berechnen:
z. B. für „Sonstige“: $S = \frac{7\,309\,182 \cdot 3{,}3}{100} = 241\,203$ Stimmen

(b) Wir nehmen an, die Gesamtzahl der gültigen Stimmen (7 309 182 Stimmen oder 100%) entspricht einer Kegelhöhe von 15 cm.

Dann können wir die entsprechenden Kegelhöhen h berechnen:

z. B. für „Sonstige“: $h = \frac{15 \cdot 241\,203}{7\,309\,182} = 0{,}495\,\text{cm}$

oder: $h = \frac{15 \cdot 3{,}3}{100} = 0{,}495\,\text{cm}$

c)

Partei	Sitze	Winkel
SPD	102	159°
CDU	88	137°
F.D.P.	24	37°
GRÜNE	17	27°
Sonstige	0	0
Gesamt	231	360°

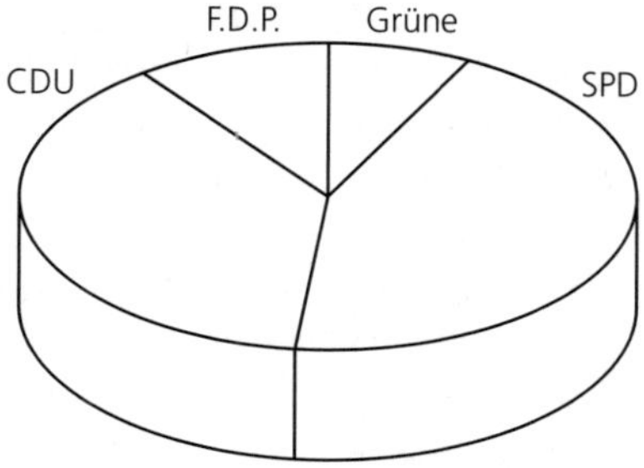

Die Winkelgröße α für den Kreissektor einer Partei berechnen wir mit der proportionalen Zuordnung:

$\frac{\alpha}{360} = \frac{\textit{Sitze einer Partei}}{\textit{Gesamtsitze}}$

Beispiel: $\alpha = \frac{360 \cdot 102}{231} = 158{,}96° \approx 159°$.

Lösungen zu Kapitel G

Seite 84

zu Prüfung 1

1. a) $2^9 = 512$ b) x^{2n} c) $3^2 = 9$ d) $(xy)^0 = 1$ e) $10^{-1} = 0{,}1$

2. a) $12 \cdot 10^6 = 1{,}2 \cdot 10^7$ b) $13 \cdot 10^{-5} = 1{,}3 \cdot 10^{-4} = 0{,}13 \cdot 10^{-3}$

3. a) 29,4% b) 5,4% von 12 000 € sind größer (648 €).

4. a) Scheitelpunktform $y = (x - 2)^2 - 9$; Nullstellen: $x_{N1} = -1$; $x_{N2} = 5$
$x^2 - 4x - 5 = 0 \Rightarrow L = \{-1; 5\}$

b) Graph von $y = (x - 2)^2 - 9$: Normalparabel mit S (2 | –9)
Nach Verschieben: $y = (x - 2)^2 - 8$: Normalparabel mit S (2 | –8)

5. a) $\cos\alpha = \frac{x}{s} = \frac{x}{v_0 \cdot t} \Rightarrow x = \cos\alpha \cdot v_0 \cdot t$
$\sin\alpha = \frac{y}{s} = \frac{y}{v_0 \cdot t} \Rightarrow y = \sin\alpha \cdot v_0 \cdot t$

b)

t (in s)	150	175	200
h (in m über NN)	149 445,1 + 20 000	152 893,3 + 20 000	150 210,2 + 20 000
h (in km über NN)	169,445	172,893	170,210

c) Die Ergebnisse in b) zeigen bereits, dass die Rakete ihre maximale Flughöhe nach einer Flugzeit zwischen 150 und 200 Sekunden erreicht.

	Mögliche Einschachtelung			Feinere Einschachtelung		
t (in s)	176,0	176,6	177,0	176,5	176,6	176,7
h (in m über NN)	172 904	172 905	172 904	172 905,18	172 905,19	172 905,10

Beide Einschachtelungen bestätigen die Behauptung, dass die maximale Flughöhe nach 176,6 Sekunden erreicht wird. Eine noch feinere Einschachtelung ist aus sachlichen Gründen (Bemerkungen auf dem Rand, S. 84) nicht sinnvoll.
Der Satellit umkreist die Erde in rund 173 km.

Seite 85

zu Prüfung 2

1. a) $6x^3 - 8x^2 + 10x$ b) $-x^2 + x + 1$ c) $x^2 + x - 6$
d) $9x^2 + 24x + 16$ e) $4x^4 + 8x^3 + 12x^2$

2. a) $2a^2 \cdot (a^2 + 2a - 3)$ b) $4a \cdot (a - b)^2$ c) $a + b$

3. 5,85% Verlust (750 € von 12 825 €).

4. 6,8 Liter/100 km.

5. a) (1) Lineares Wachstum; Zunahme bleibt konstant mit m = 1,25.
(2) Lineare Abnahme; Abnahme bleibt konstant mit m = – 1,75.
(3) Exponentielles Wachstum; Zunahme um festen Faktor q = 1,25.